기본소득은 틀렸다

대안은 기본자산제다

지금+여기 ⑨

기본소득은 틀렸다
-대안은 기본자산제다

2020년 8월 28일 초판 1쇄

지은이 | 김종철

편   집 | 김희중
디자인 | 경놈
제   작 | 영신사

펴낸이 | 장의덕
펴낸곳 | 도서출판 개마고원
등   록 | 1989년 9월 4일 제2-877호
주   소 | 경기도 고양시 일산동구 호수로 662 삼성라끄빌 1018호
전   화 | (031) 907-1012, 1018
팩   스 | (031) 907-1044
이메일 | webmaster@kaema.co.kr

ISBN 978-89-5769-473-2 (03300)
ⓒ 김종철, 2020. Printed in Goyang, Korea

기본소득은 틀렸다

대안은 **기본자산제**다

김종철 지음

개마고원

차례

들어가며: 기본소득, 낡고 위험한 아이디어 7

1장 기본소득이 실현될 수 없는 이유

-기본소득제는 사이비 공산주의, 혹은 사이비 조합주의다 / 15

-기본소득제는 조합주의를 잘못 적용했기에 애초 실현 불가능한 제도다 / 23

-기본자산제는 조합주의를 제대로 실현해 사회를 재구성한다 / 29

-기본소득은 불공정한 시장경제구조를 고치지 못한다 / 34

-기본소득제는 사회복지제도를 대체해 양극화를 심화시킨다 / 36

-기본자산제는 사회보장제도의 확충을 돕고 양극화를 해소한다 / 43

-기본소득론자들은 4차 산업혁명에 대한 막연한 공포감을 조장한다 / 46

-기본소득론자들의 주장처럼 돈을 찍어 배당하면 금융시스템이 붕괴될 것이다 / 50

-기본자산제는 실현 가능하고 기본소득제는 실현 불가능하다 / 55

2장 고대의 기본자산에서 배운다

-플라톤의 클레로스 / 58

-예수 그리스도와 클레로스 / 62

-동아시아의 정전제 / 65

3장 현대의 기본자산제를 찾아서

-애커먼과 알스톳의 사회적 지분제도 / 75

-정의당의 청년기초자산과 보건복지부의 청년저축계좌 / 76

-줄리앙 르 그랑의 보편적 자본급여 / 78
-피케티의 보편적 자본급여 / 81

4장 새로운 기본자산제

-비교 검토: 고대의 기본자산제와 현대의 기본자산제 / 87
-새로운 기본자산제의 요건들 / 94
-기본자산제의 기본 철학 / 97
-두 가지 형태의 기본자산 / 118
-제2기본자산과 금융위기 / 122

5장 기본자산과 협동조합의 만남

-유한책임 주식회사 제도의 문제점 / 128
-해결 방안: 기본자산과 협동조합의 연계 / 133
-생산자협동조합의 실현 방향 / 141

나가며: 변화를 위한 마지막 기회 149

<부록: 여타 재원 마련 방안> 153
주 162
찾아보기 166

기본소득, 낡고 위험한 아이디어

기본자산제를 본격적으로 설계해야겠다고 마음먹게 된 계기가 있었다. 4년 전 2016년 7월 서강대학교 다산 관 6층에 있는 연구실에 출근하려고 건물 1층에 들어섰을 때였다. 그런데 여느 때와는 달리 1층에 있는 101호 대형 강의실 앞에 사람들이 모여 시끌벅적했고 여러 개의 플래카드도 걸려 있었다. 무슨 일인가 궁금해서 그 강의실 안을 기웃거려 보니, 제16차 기본소득 지구네트워크 대회가 열리고 있었다. 강단에 낯선 서양인 학자들 여럿이 낯익은 서강대 교수 몇몇과 같이 열띠게 토론하고 있었고, 대형 강의실 안은 빈자리가 눈에 띄지 않을 정도로 사람들이 꽉 차 있었다.

나중에 누군가한테서 들으니, 경기도 지사 이재명이

기본소득제도에 확신이 없다가, 이 학술대회에 왔다 돌아가는 길에 자동차 안에서 기본소득제를 핵심 공약으로 하겠다고 마음먹었다고 한다. 이재명 도지사는 이 많은 학자가 모인 모습을 보고 확신이 들었겠지만, 나는 그 반대로 큰일이 났다 싶었다. 기본소득제를 주장하는 무지한 몇몇 지식인들과 정치가들의 사탕발림에 현혹되어 사회가 망가질 수도 있겠다 싶었다. 제대로 된 대안을 마련하지 않으면 안 되겠다는 생각을 굳히게 됐다.

필자가 이 책에서 제안하고자 하는 대안은 기본자산제이다. 이 책을 읽고 있는 독자들은 기본소득제에 대해서는 여러 번 들어보았을 것이다. 반면, 기본자산제에 대해서는 생소할 것이다. 인류 역사에서 아주 오랫동안 많은 사회가 기본자산제를 여러 가지 형태로 실현하려고 노력했음에도 불구하고, 현대인에게 기본자산제가 이렇게 생소한 것은 안타까운 일이다. 이 생소함을 덜기 위해 기본자산제가 무엇인지 간단히 정의해보자.

기본자산이란 한 개인이 자율적이고 독립적인 인격체로 바로 서는 데 필요한 최소한의 자산을 말한다. 이 기본자산을 마치 팔과 다리 같은 몸 일부처럼 간주하는 제도이다. 그래서 다른 사람의 팔과 다리를 함부로 빼앗거나 상하게 하면 안 되듯이, 기본자산도 채권자를 포함한 어떤 누구도 빼앗거나 상하게 할 수 없도록 한다. 즉 국가에 기본자산을 등록하게 하여, 이 등록된 재산만큼은 개인이 채무를 얼마 졌든 관계없이 채무변제 의무로부터 자유롭도록 국가가 보호해준다. 또한, 자신의 팔과 다리 혹은 장기를 함부로 상하게 하거나 타인에게 팔 수 없듯이, 국가에 등록된 기본자산만큼은 스스로 파괴하거나 혹은 비생산적으로 소비해버리거나 타인에게 팔거나 양도할 수 없도록 하고, 반드시 생산적으로만 활용되도록 한다.

기본소득을 주장하는 지식인들은 토머스 스펜스Thomas Spence(1750~1814)가 1797년에 그의 소논문 「영아들의 권리」에서 기본소득을 처음 주장했고, 그래서 기본소득이 200여 년 정도밖에 안 된 아주 새로운 아이디어라고 착각한다.[1] 그러나 정치사상을 공부한 사람은 기본소득 같은 배당제도와 기본자산 간의 논쟁이 이보다 훨씬 오래되었다는 것을 안다. 그리고 고대의 위대한 사상가들은 언제나 기본소득 같은 배당제도를 비판했다.

지금으로부터 2300여 년 전 고대 그리스의 사상가 아리스토텔레스는 저서 『정치학Politika』에서 아테네 정부가 시민들에게 일정한 소득을 나눠주는 배당제도를 비판했다. 민회에 참석하고 배심원으로 활동하는 대가로 혹은 아무 이유 없이 사람들에게 일정한 소득을 배당하기를 가장 원했던 사람들은 바로 선동정치가들이었다. 사람들에 대한 영향력을 유지하고 싶어서였다. 이들 선동정치가는 배딩에 필요한 재원을 마련하기 위해 전쟁을 선동했고, 해군 갤리선을 건조하기 위해 해군 지휘관과 납품업자들 간에 계약한 돈을 중간에 착복하는 일도 있었다.[2]

아리스토텔레스는 아테네의 이런 선동적 민주주의와 배당제도를 비판했고, 대신에 각 시민에게 스스로 자립할 수 있을 만큼의 자산을 나누어 주어야 한다고 주장했다. 아리스토텔레스에게 사회는 친구들이 모인 곳이다. 누구의 친구가 된다는 것을 상징적으로 가장 잘 나타내는 일은 선물을 주는 행위이다. 선물을 주려면 그 사람이 자신의 생계를 스스로 책임져야 하는 것은 당연하고, 나아가 다른 친구들을 위해 선물을 마련할 만큼 여유가 있어야 한다. 그러려면 각자에게 자립하기에 충분할 만큼의 자산이 있어야 한다고 아리스토텔레스는 생각했다.

아리스토텔레스는 이런 생각을 스승인 플라톤으로부터 물려받았을 것이 틀림없다. 다산관 101호 대형 강의실에 잔뜩 모인 사람들을 목격하던 그해 1학기에는 고대 정치사상을 강의하면서 플라톤이 쓴 『법률Nomoi』[3]이라는 책을 학생들과 같이 읽었다. 이 책에서 플라톤은 기본자산제를 자세히 설명했다. 플라톤의 기본자산제를 현대에 적용할 수 있도록 설계를 해야겠다고 마음먹은 때가 바로 그 2016년 여름이었다.

***

이 책의 1장에서는, 기본소득제에 어떤 문제점이 있고, 그래서 왜 대안이 될 수 없는지 설명하려 한다. 이 책에서는 세계적인 기본소득 권위자인 필리프 판 파레이스의 기본소득제를 비판적으로 살펴볼 것이다. 물론 다양한 기본소득 논의들이 있지만, 파레이스의 이론이 가장 권위가 있으며, 특히 근래 그가 출간한 『21세기 기본소득Basic Income』은 그동안 여러 기본소득론자가 제기한 문제들을 통합하고 있어서 파레이스의 기본소득론을 살펴보는 것으로 충분하다고 생각한다.

그런 다음에는 기본자산제를 현대에 다시 구현할 방안을 독자들과 같이 모색해 나가려 한다. 기본자산제의 핵심을 위에서 간단히 정의하긴 했지만 구체적으로 어떻게 실현될지, 기본자산의 재원은 어떻게 마련해서 각 개인에게 배분할지 설계하려면 아직 갈 길은 멀다. 이 먼 여정의 첫 단추를 잘 끼려면, 기본자산제가 옛날에 어떻게 구현되었는지 살펴서 배움을 얻어야 한다. 온고지신溫

故知新, 옛것을 잘 익혀야 비로소 새것을 미루어서 알 수 있을 것이다. 그래서 이 책의 2장에서는 플라톤과 맹자 그리고 정약용의 기본자산제를 우선 살펴볼 생각이다. 이렇게 옛것을 잘 익히고 나시, 현재 학자들 사이에 어떤 논의가 있는지 살펴볼 것이다.

현재 논의되고 있는 기본자산제와 유사한 제도에는 '보편적 자본급여universal capital endowment' 혹은 '사회적 지분제도stakeholder grant'가 있다. 사회적 지분제도는 2006년에 미국 법학자인 브루스 애커먼과 앤 알스톳이 제안했고, 보편적 자본급여는 줄리앙 르 그랑이 제안했었는데, 최근 토마 피케티가 확대된 형태로 제안하고 있다.[4] 애커먼과 알스톳의 제안은 한국에도 이미 영향을 미쳐 정의당이 '청년기초자산제'라는 이름으로 채택하여 2020년 총선 1호 공약으로 제시한 적이 있다. 그리고 2020년 우리나라 보건복지부는 청년저축계좌라는 기본자산제와 유사한 제도를 이미 시행하고 있다. 애커먼, 알스톳, 그랑, 피케티, 정의당 그리고 보건복지부의 제안에 어떤 좋은 점이 있는지 혹은 어떤 한계가 있는지 비판적으로 살펴보고 나면(3장), 본격적으로 필자가 구상하는 기본자산제를 구체적으로 설명할 준비가 끝난다.

약 15여 년 전에 기본자산제와 기본소득제 간에 치열

한 논쟁이 있었다.[5] 파레이스를 포함한 한 무리의 기본소득제 논자들과 애커먼과 알스톳을 포함한 기본자산제 논자들 간의 논쟁이었다. 필자가 보기에는 이 논쟁에서 애커먼과 알스톳 등의 기본자산제 논자들이 판정패했다. 애커먼과 알스톳의 기본자산제에 대해 제기된 비판들이 치명적인 것들이었기 때문이다. 이 논쟁에서의 패배 뒤에 학자들은 기본자산제에 대한 논의를 뒤편으로 제쳐놓았다.

그런데 작년 2019년에 피케티가 다시 기본자산제를 제안하면서 기본자산제에 관한 관심이 수면으로 다시 떠오르고 있다. 뒤에서 설명하겠지만 피케티의 제안은 지금까지 제안된 기본자산제 논의들과 큰 차이점이 없다. 반면, 필자는 3년 전인 2017년에 기존의 기본자산제 제안들이 안고 있었던 치명적 약점을 보완한 새로운 기본자산제를 제안한 바 있다.[6] 이 새로운 기본자산제를 이 책에서 소개하고자 한다.

1장

기본소득이
실현될 수 없는 이유

기본소득제란 각 개인에게 자산과 소득이 높든 낮든 관계없이 그리고 근로 등의 조건 없이 일정 규모의 액수를 정기적으로 (주로 매월) 지급하는 제도이다. 기본소득의 권위자인 파레이스는 1인당 GDP의 1/4을 기본소득으로 모든 개인에게 지급하자고 주장한다.[7] 우리나라의 경우로 따지면 월 80만 원이 지급되는 셈이다. 노동을 하지 않아도 매달 80만 원이 내 통장에 들어오면 얼마나 좋을까? 실현만 될 수 있다면 이보다 더 좋은 제도는 없을 거라고 많은 독자는 생각하고 있을지 모른다. 실제 기본소득론자들은 실현될 수 있다고 강하게 주장하고 있으니, 한번 믿어볼까 할지 모른다. 특히 가난에 고통받고 있는 이웃들의 아픔에 공감해왔던 많은 독자는 기본소 득제에 기대를 더 걸어보고 싶을 것이다.

그러나 기본소득론자들의 주장과는 반대로, 월 80만 원짜리 기본소득제는 실현할 수 없다. 설혹 실현되더라도 '푼돈' 기본소득 정도가 실행할 수 있을 것이지만, 이 돈이면 사회복지를 확충하는 데 쓰이는 게 더 낫다.

더 문제는 기본소득제가 그 약속과는 다르게 사회의 양극화를 해소하지 못하며, 평등과 정의를 이루는 데도 기여하지 못한다는 점이다. 오히려 기본소득제는 진정한 나눔 및 연대와는 상반된 방향으로 나아갈 수도 있다. 결국, 기본소득제는 도입되더라도 사회복지를 확충하는 데 걸림돌만 될 것이고, 기본소득 공약으로 선거에서 표를 더 얻으려 했던 선동적 정치가들에게만 이득이 될 것이다.

왜 (많은 액수의) 기본소득제는 실현될 수 없는지, 그리고 기본소득제의 발상에 담긴 근본적 문제는 무엇인지 자세히 알아보자.

**기본소득제는 사이비 공산주의,
혹은 사이비 조합주의다**

왜 기본소득을 도입하려 하면 안

되는지 그리고 왜 결국 실현될 수 없는지 그 이유를 하나씩 짚어보기 전에 우선 기본소득제를 제대로 이해할 필요가 있다.

특히, 기본소득세에 사이비 공산주의 혹은 사이비 조합주의적 특징이 있다는 점을 이해해야 한다. 여기서 '사이비似而非, pseudo'라는 표현은 "비슷하면서도 아니다"라는 뜻이다. 좀 직설적으로 말하면 모조품 혹은 가짜를 뜻한다. 사실 파레이스는 기본소득을 처음 제안할 때 기본소득제가 공산주의를 실현할 방안이라고 믿었다. 즉 그는 기본소득을 통해 사회주의를 거치치 않고 공산주의 사회로 이행할 수 있다고 주장했다. 물론, 이후 여러 이론가로부터 비판을 받고는 이 주장을 철회하고 기본소득이 "최적의 자본주의optimal capitalism"를 실현할 수 있다고 주장한다. 여기서 최적의 자본주의란 사회구성원들이 얻은 이익의 일정 비율을 세금으로 걷어 국민에게 배당하는 협동조합경제와 자본주의가 결합한 것을 말한다. 사실 최적의 자본주의라고 명칭을 바꿨지만, 사회 전체를 하나의 협동조합으로 구성하고 이 협동조합이 생산한 일정 부분을 각 개인에게 배당하는 것이 공산주의이므로 파레이스는 본인의 초기 주장을 크게 바꾸지 않은 셈이다.

그런데 필자는 기본소득제를 공산주의라 말하지 않고, '사이비' 공산주의라고 표현했다. 그 이유는 기본소득제에 공산주의적 특징과 공산주의적이지 않은 특징이 모두 있기 때문이다.

이걸 이해하려면, 우선은 공산주의가 무엇인지 이해할 필요가 있다. 사실 우리는 일상적으로 공산주의 사회에 살고 있다. 가족이 바로 대표적인 공산주의 사회이다. 예를 들어, 어떤 가족이 남편은 밖에서 돈을 벌어오고 아내는 집안 살림을 맡기로 했다고 가정하자. 이때 남편이 일해서 벌어온 돈은 남편만의 것이 아니다. 가족 모두의 것이 된다. 자산을 '공산화共産化'하는 것이다. 가족은 공산주의가 강하게 자리 잡아야 화목할 수 있다. 남편이 벌어온 자산에 대해 아내의 공동 소유권을 인정하고 아내를 존중해야 가족이 화목할 수 있다. 만약 아내를 공동소유자로서 인정하지 않고 밖에서 돈을 벌어오지 않는다는 이유로 남편이 함부로 대하면, 그 가족의 화목은 깨질 수밖에 없다. 남편들은 때때로 아내 몰래 비자금을 만든다. 들통나면 아내는 보통 실망하는데, 공동소유물을 남편 혼자 챙기려고 했다고 생각하기 때문이다.

우리가 일상적으로 접하는 다른 형태의 공산주의 사회도 있다. 협동조합이다. 물론 협동조합은 가족만큼 단단한 공산주의 사회는 아니다. 그러나 여러 사람이 협동조합의 지분으로 투자한 전체 자산에 대해 협동조합 구성원은 공동소유자가 되고, 협동해서 일한 결과로 얻은 이익을 공평하게 배당받는다. 다른 형태의 공산주의 사회인 것이다.

파레이스가 상상한 공산주의는 이 독특한 공산주의 개념을 제대로 이해하려면, 우선 조합이 뭔지 알 필요가 있다. 조합은 사람들의 모임을 뜻하는데, 영어로 corporation이다. 이 단어에서 corp는 라틴어로 몸을 뜻한다. 사람들의 모임이긴 하지만, 단순한 모임이 아니라 마치 한 사람의 몸과 같은 것이다. 몸은 다양한 부분들로 이루어져 있다. 손, 눈, 코, 입, 위, 대장, 발, 다리 등 각 부분의 기능도 다르고 원하는 것도 다르다. 예를 들어, 입은 되도록 맛있는 것을 많이 먹고 싶어 하지만, 몸 전체가 건강하게 유지되려면 맛있는 것만 계속 먹어 입의 욕구만을 채워서는 안 된다. 몸이 건강하게 유지되기 위해서, 그리고 단일한 목적을 가지고 활동하기 위해서는 이 다양한 부분들이 하나로 뭉쳐 긴밀하게 협력해야 한다.

사람들에게는 다양한 생각과 다양한 능력이 있어서 하나로 몸이 되기 쉽지 않지만, 이 사람들을 이렇게 하나의 몸으로 강하게 결집하는 제도가 바로 조합이다. 공산주의는 이런 조합을 100명 혹은 200명 단위가 아니라 전체 사회로 확장하는 시도이다. 이를 위해서 사회가 사회 전체 자산을 공유하는 것이 요구된다. 그렇지 않으면, 사회 전체가 하나의 조합, 하나의 몸처럼 단일한 존재가 될 수 없기 때문이다. 누구는 부자이고 누구는 가난하다면, 부자는 자기 것을 지키기 위해 투쟁하고 가난한 사람들은 최소한의 필요를 충족하기 위해 부자에 대항할 수밖에 없어, 항상 분쟁에 사로잡혀 하나의 몸이 되는 것은 불가능하다.

카를 마르크스는 이 공산주의를 두 단계로 나눈다.[8] 우선 낮은 단계의 공산주의에서는 구성원이 사회에 이바지한 만큼, 즉 노동을 얼마나 많이 했느냐에 따라 배당을 한다. 반면 높은 단계의 공산주의에서는 구성원이 노동을 얼마나 했느냐에 관계없이, 그 구성원에게 얼마나 필요하느냐에 따라 배당을 한다.

마르크스에 의하면, 높은 단계의 공산주의가 더 평등한데, 낮은 단계의 공산주의에서는 각 구성원 간의 차이점을 고려하지 않기 때문이다. 어떤 사람은 육체적으로나 정신적으로 다른 사람보다 뛰어나서 같은 시간에 더 많은 노동을 제공하거나 더 많은 시간 동안 노동할 수 있고, 어떤 노동자는 결혼해서 부양할 가족이 많은데 다른 노동자는 결혼하지 않아 부양가족이 없는 등 구성원 간의 차이가 있을 수밖에 없다. 그리고 이 차이점에 따라 각 구성원의 '필요'는 각각 다를 수밖에 없다. 이 차이를 고려하지 않고 노동생산성에 따라 똑같이 취급하면 오히려 불평등이 생긴다는 것이 마르크스의 주장이다. 그래서 높은 단계의 공산주의에서는 "각자는 능력에 따라 일하고, 각자에게는 필요에 따라 배당한다"라는 원칙이 성립한다.

앞에서 말했듯이, 초기에 파레이스는 기본소득제를 통해 낮은 단계의 공산주의(파레이스는 이것을 "사회주의"라 불렀다)를 거치지 않고 높은 단계의 공산주의로 이행할 수 있다고 주장했다. 모두에게 동일한 소득을 주는 기본소득제가 높은 단계의 공산주의의 특징을 지녔기 때문에 이 특징을 더 발전시키면 그럴 수 있다고 믿었던 것으로 보인다.

높은 단계의 공산주의와 기본소득제에는 '노동 여부와 관계없이' '배당'한다는 공통점이 있다. 우선 첫번째 공통점인 배당제도에 대해 살펴보자. 공산주의와 기본소득제 모두 공동체가 생산한 총생산물의 '상당 부분을' '시장을 거치지 않고' 각 구성원에게 배당한다. 공산주의에서는 공동체가 생산한 총생산물 '전체'를 걷은 후 공동체 유지에 필요한 공동경비를 뺀 후 나머지를 각 개인에게 배당한다. 이 공동경비는 정부지출에 해당한다고 할 수 있다. 기본소득제에서도 전체는 아니지만 총생산물의 상당 부분을 거둬들이게 된다. 파레이스가 주장한 1인당 GDP 1/4 액수의 기본소득을 주려면 GDP의 70% 정도로 정부수입 규모가 늘어나야 한다. 이미 주요 선진국 정부들은 GDP의 50% 정도를 지출하고 있기 때문이다.' 결국 기본소득제에서는 공동체가 생산한 총 생산 결과물 중에 '70%(정부지출 + GDP의 1/4인 기본소득)' 정도를 정부가 걷은 후 공동경비를 뺀 나머지를 모두 배당

● 복지 선진국인 프랑스와 핀란드의 사례로 보면, 2018년 기준으로 프랑스와 핀란드의 정부지출 규모는 각각 GDP의 55.9%와 53.2%이다. 파레이스는 1인당 GDP의 1/4을 기본소득으로 배당하게 되면, 사회보장지출 중에 현금 부분의 절반은 사라질 거라고 가정한다.(파레이스, 같은책. 324쪽) 프랑스와 핀란드의 사회보장지출 중에 현금 부분은 각각 약 GDP의 19.3%와 18%다.(https://www1.compareyourcountry.org/social-expenditure/en/1/all/default) 이것의 절반이 기본소득 도입으로 사라진다고 가정하면, 프랑스와 핀란드 정부가 GDP의 1/4을 기본소득으로 배당하는 데 필요한 수입 규모는 각각 연간 약 GDP의 71.3%와 70%가 된다.
2017년 기준으로 한국의 정부지출 규모는 GDP의 30.3%이다. 한국의 사회보장 지출 중에 현금 부분은 약 GDP의 4.2%가 된다. 이것의 절반이 사라진다고 가정하면 1인당 GDP의 1/4을 기본소득으로 배당하기 위해서 한국 정부가 필요한 수입 규모는 약 GDP의 53.2%가 된다. 하지만 우리나라도 사회보장지출 규모를 2018년에 GDP의 11.1%에서 OECD 평균인 21% 혹은 서구 선진국인 30%까지 추가로 늘리게 된다면, 필요한 정부 수입은 70% 정도가 될 것이다.

한다.

높은 단계의 공산제와 기본소득제의 두번째 공통점은 각 개인이 '얼마나 노동했느냐와 관계없이' 배당한다는 점이다. 공동체 성원이라는 이유만으로, 즉 얼마나 노동했는지 혹은 얼마나 공동체에 이바지했는지 등을 전혀 고려하지 않고, 각 구성원이 필요를 충족할 수 있어야 한다는 것은 공산주의의 기본 이념이다. 기본소득제는 각 구성원의 모든 필요를 충족시키지는 않지만 최소한의 필요는 충족시키는 것을 목표로 한다는 점에서 공산주의적 특성을 지녔다고 할 수 있다.

기본소득제에는 공산주의와 다른 점도 있는데, 우선 기본소득제에서는 자산을 사회 전체가 공유하지 않는다는 점이다. 기본소득제가 공산주의와 또 다른 점은 시장을 폐기하지 않고 필요로 한다는 점이다. 공산주의적 조합주의에서는 자산을 공동소유하고 협업을 통해 생산한 물품을 모두 배당 형태로 분배하기 때문에, 사회구성원끼리 생산물을 사고파는 시장이 필요하지 않다. 그러나 기본소득제는 시장이 필요하다. 시장이 있어야 기본소득으로 배당받은 현금을 이용해 생활물품을 사들일 수 있고, 기본소득을 배당하기 위한 재원도 마련할 수 있기 때문이다.

기본소득제는 조합주의를 잘못 적용했기에
애초 실현 불가능한 제도다

　　　　　　　이렇게 기본소득제는 한 사회가 생산한 생산물의 대부분(대략 70%)를 거둬들여 공동경비를 뺀 후 '노동 여부와 관계없이' '배당'한다는 점에서 공산주의적이지만, 자산을 사회 전체가 공유하지 않고 시장을 필요로 한다는 점에서 공산주의적이지 않다. 필자는 이런 공산주의적 특징과 비非공산주의적 특징을 기본소득제가 지녔기 때문에, 기본소득제를 '사이비' 공산주의(혹은 사이비 조합주의)라고 부르는 것이다. 그런데 이 '사이비(혹은 모조품)'라는 데 문제가 있다. 자산을 공유하지 않은 채 공동체가 생산한 생산물의 70%를 세금으로 거둬들이는 게 과연 가능한가 하는 문제다.

　기본소득제는 극심한 양극화의 대안으로 제시되었다. 그런데 양극화가 심해 소수 부자가 공동체의 자산과 소득 대부분을 차지하고 있는 상황에서 GDP의 70%를 세금으로 거두는 것이 가능할까? 기본소득론자들은 재벌·대기업·고소득자 등으로부터 재원을 조달하자고 한다. 누진 소득세, 로봇세, 데이터세, 법인세, 누진적 부유세, 환경세 등 기본소득론자들이 기본소득의 재원으로 쓰자고 얘기하는 세금들을 주로 내는 사람들이 바로 재벌·대기업·고소득자들이다. 이들이 자기 소득의 '대부분을' 세금으로 내는 것에 동의할까? 극심한 양극화로 인해 대다수 가난한 사람들이 최소한의 필요를 충족하기 위해 부자에 저항하고, 한계세층이 증가해 다양한 사회적 범죄가 는다면, 재벌·대기업·고소득자들이 두려움에 약간의 양보를 하려 할 가능성은 충분히 있다. 그러나 자기 소득 '대부분을' 세금으로 내는 것에는 동의할 리 만무하다. 더구나 그들은 자본주의 사회에서 권력을 지닌 계층이다. 설혹 그들이 자기 소득 대부분을 세금으로 내주기로 한다고 하더라도, 그 대가로 다른 계층에게 어떤 부당한 무엇을 요구할지 모를 일이다. 부당한 요구를 하지 않더라도, 자기 소득의 대부분을 세금으로 내는 일을 얼마 지속하지도 않을 것이다.

파레이스가 제안하는 기본소득이 실현되려면, 최소 GDP의 1/4의 소득을 안정적이고 규칙적으로 산출해낼 만큼의 대규모 자산을 먼저 공산화해야 한다. 그런 후에야 비로소 이 공유 자산에서 생기는 소득을 기본소득으로 각 구성원에게 일률적으로 배당할 수 있다. 누군가의 주머니에 '이미' 들어간 돈은 빼오기 어렵다. 일단 내 손에 들어오면 '내 것'이라는 마음이 생기기 때문이다. 반면, 이미 '우리 모두의 것'이 돼버린 것을 똑같이 나누는 것은 쉬운 일이다. 즉 공산주의는 공산화하지 않으면 불가능하다. 기본소득제처럼 공산화를 뺀 모조품 공산주의는 애초에 실현 불가능한 아이디어다.

기본소득론자들이 현재 기본소득제가 실제로 실행되고 있다고 하면서 알래스카의 영구기금배당Alaska Permanent Fund Dividend을 하나의 사례로 든다. 사실 기본소득의 유일한 현실 사례다. 이 알래스카 사례가 성공할 수 있던 이유를 살펴보면, 그 비결이 배당금이 나오는 노스슬로프 유전 채굴권을 알래스카 주정부가 소유하고 있는 덕분이라는 것을 알 수 있다. 즉 유전을 공산화한 덕분이다. 주정부는 이 채굴권을 석유회사에 대여해주고 그 수입의 1/4을 매년 영구기금으로 적립하며, 이 기금을 투자하여 얻은 수익으로 매년 주정부 내의 모든 시민에게 배당한다. 1982년에 첫 지급을 시작해서 매년 1인당 1000달러 이상을 지급했는데, 가장 액수가 많았던 해는 2008년이었다.[9] 1인당 3269달러까지 올라갔다. 이렇게 배당금 액수가 일정하지 않은 것은 영구기금의 수익이 일정하지 않고 알래스카의 기본소득 재원은 공산화한 유전 채굴권에서만 나오기 때문이다. 이렇게 기본소득제는 공산화를 전제해야 실현 가능하다.

기본소득론자들이 기본소득은 정기적으로 '일정 액수

를' 지급해야 한다고 했기 때문에 공산화해야 할 자산의 규모는 GDP의 1/4의 수익을 안정적이고 규칙적으로 낼 수 있어야 할 만큼이어야 한다. 그러려면 나라가 가지고 있는 총자산의 1/4보다 더 많은 자산을 공산화해야 할 것이다. 그렇지 않으면 알래스카의 배당제도처럼 지급액이 일정하지 않게 될 것이기 때문이다.

GDP의 1/4의 수익이 안정적으로 나올 만큼의 자산을 공산화한 후, 이 자산을 활용해서 나오는 수익을 기본소득으로 분배하는 것은 얼마든지 가능하다. 하지만 이것은 이미 공산주의의 실현이지 기본소득제는 아니다. 그리고 뒤에서 설명하겠지만, 필자는 공산주의를 이렇게 사회 전체로 확대하는 것에 반대한다. 아리스토텔레스가 지적했듯이 공산주의가 이렇게 대규모화되면 공동자산을 아끼고 보살피는 마음이 덜 생겨서 사회의 효율성이 크게 떨어진 나머지 사회가 유지되기 어렵다.

어쨌든 기본자산론자들은 대규모 자산을 공산화하지 않은 채 기본소득제를 실현하자고 주장하기 때문에 비현실적이며, 그래서 결국 기본소득제가 실현되더라도 '푼돈' 기본소득제로 전락할 수밖에 없다. 뒤에서 더 설명하겠지만, 이렇게 되면 특히 사회보장을 확장해야 하는 우리나라 현실에서 기본소득이 이 확장을 방해해 오히려 양극화 문제를 더 심하게 할 것이다.

　자산 양극화를 그대로 둔 채 기본소득제를 제대로 실현하는 방법이 하나 있다. 앞서 말한 고대 그리스 아테네의 사례이다. 아리스토텔레스와 플라톤이 살았던 고대 그리스의 도시국가 아테네는 배당 사회였다. 이 배당의 재원은 다른 나라를 침략해서 마련했다. 침략한 나라에서 은광을 발견하면 은을 캐서 대규모로 은화를 주조한 후 시민들에게 한꺼번에 배당해주기도 했는데, 아테네가 B.C. 483년 라우리움의 광산에서 은맥을 발견한 후 아테네 주민에게 은화를 뿌린 사례가 유명하다. 그리고 전쟁을 통해 무역거점을 확보한 후 얻은 이익을 민회에 참가하거나 배심원 활동을 한 시민들에게 배당으로 지급했다.[10]

　지난 역사를 돌이켜보면, 배당 사회에서 배당의 재원은 다른 나라를 침략해서 얻을 수밖에 없었다. 외부로부터 자원을 빼앗아오지 않고 사회 내 불평등의 문제를 해결하려면, 사회구성원들 간에 자산을 공평하게 주기적으로 재분배할 수밖에 없다. 뒤에서 설명하겠지만 기본자산제가 추구하는 것이 그런 방향이다. 그런데 부유층인 지배계급이 이런 재분배를 원하지 않는다면 두 가지 선택밖에 없다. 하나는, 부유층과 빈곤층이 어느 정도 타

협해 부유층 지도계급의 지도하에 타국을 침략하여 재원을 끌어오는 것이다. 이 재원을 배당금으로 사람들에게 지급하거나 사회복지를 확충해 불평등을 완화하려고 시도한다. 다른 하나는, 불평등으로 서서히 사회가 붕괴하다 다른 나라에 예속되는 것이다. 100여 년 전 조선 말에 우리가 한 선택이었다. 당시 고종과 민씨 일가 등의 기득권 세력은 동학농민군의 토지 및 조세 개혁 요구를 받아들이지 않고 일본 군대를 끌어들여 진압하다가 결국은 일본의 강요로 식민지화되는 길을 갔다.[●]

역사를 통해 평가해볼 때, 기본자산제는 불평등 문제를 사회 내부에서 재산을 주기적으로 재분배해서 해결하는 평화로운 방식이었다. 반면에 기본소득과 같은 배당제도는 역사적으로 두 가지 형태로만 실현되었다. 한 가지는 1917년 볼셰비키 혁명으로 시작하여 1991년에 구소련 공산당 서기장인 미하일 고르바초프가 공산당을 해체하면서 끝난 공산주의 실험으로, 사회 전체 자산을 공산화하고 이 공유 자산으로부터 나오는 수익을 각 시민에게 배당했다. 이 실험은 실패로 끝났다. 나머지 하나

● 이들 기득권 세력은 일제 식민지 시절에도 일제가 마련해준 토지 사유제 덕분에 지주계급으로 성장하여 일제와 손잡고 다수의 민중을 지배했다.

는 고대 그리스나 고대 로마 등에서 내부의 불평등 문제를 해결하기 위해 택한 제국주의적 정책으로, 외부에서 폭력적인 방식으로 재원을 마련해서 배당했다.

기본소득제도가 본격적으로 도입될수록 이러한 과거의 패턴이 반복될 소지가 크다. 부유한 기득권층이 자산을 독차지한 현 상황을 공산화해서 해결하지 않는다면, 기본소득에 필요한 어마어마한 재원을 나라 밖에서 가지고 올 수밖에 없다. 그러려면 현재 미국이 하는 일을 잘 배워 우리가 잘 따라해야 할 것이다. 중동이나 동아시아 등 특정 지역에 군사적 분쟁 혹은 긴장을 지속시켜 그 지역 국가에 군사 무기를 수출해서 재원을 마련하거나, 전 세계 군비지출의 38%를 해당하는 어마어마한 군사비를 지출해서 키운 군사력을 이용해서 자국 화폐를 국제 기축 통화로 만들고 이에 따른 수많은 이득을 취해야 할 것이다. 하지만 이 방식을 정의를 회복하려는 우리가 택할 수는 없다.

**기본자산제는 조합주의를 제대로 실현해
사회를 재구성한다**

필자가 제안하는 기본자산제는 사회 전체를 혹은 상당 부분을 하나의 조합으로 구축하려고 시도하지 않는다. 다시 말해, 사회의 자산 전체를 혹은 상당 부분을 공산화하려 하지 않는다. 조합주의 혹은 공산주의는 대략 200명 이하의 작은 공동체에서만 작동할 수 있고, 그래야만 한다고 필자는 생각한다. 이 책에서 제안하는 기본자산제는 공산주의를 이렇게 작은 공동체에서만 실현하려 노력한다는 점에서 기본소득제나 기존 공산주의와 큰 차이가 있다.

사회 전체를 하나의 조합으로 구축하려는 공산주의에 대한 논쟁은 역사가 무척 오래되었다. 아리스토텔레스가 공산주의에 대해 비판한 것이 대표적으로 유명한 사례다. 그는 플라톤이 제안한 '정치가들 사이의 공산주의'를 사회 전체로 확장하는 데 반대했다. 정치학의 고전 중에서 지금도 많이 읽히는 『국가Politeia』라는 책에서 플라톤은 정치가들 사이에 공산주의를 실현할 것을 제안했다. 정치가들은 나라 전체를 위해 일해야 하는 사람들이다. 그런데 만약 이들이 자기들의 개인적인 이익을 챙기기 위해 정치를 한다면 나라가 망가질 것이다. 그래서 플라톤은 정치가들에게 재산을 사적으로 소유하거나 상속하는 행위를 금지할 것을 제안했다. 또한, 정치가들 간에는 서로 부인과 남편을 공유하자고 했고 이들 사이에서 태어난 자식들도 공유해서 누구의 자식인지 서로 모르게 하자고 했다. 그리고 사랑하는 애인에게 선물을 주고 싶어도 주지 못할 정도로 정치가들은 월급도 적게 받아야 하고, 군대 막사와 같이 칸막이도 없는 곳에 살도록 해야 한다고 제안했다. 대신 정치가들에게는 어렸을 때부터 최고의 교육을 제공해서 지적으로 그리고 도덕적으로 훌륭하게 될 수 있도록 해야 한다고 주장했다. 이것이 플라톤이 『국가』라는 책에서 제안한 정치가들 사이의 공산주의다.

플라톤이 죽은 후 이런 공산주의를 전 사회에 확장해야 한다는 주장이 있었던 것 같다. 아리스토텔레스는 이 주장에 반대한다. 사회를 지나치게 단일화하려는 잘못된 시도라는 이유에서다. 그에 따르면, 각각의 유기체에는 각기 다른 정도의 자연적인 단일성이 있다. 한 사람의 단일성은 몇천만 명이 모인 사회의 단일성보다는 그 단일성이 훨씬 크다. 사회는 다양한 사람들이 모인 곳이기 때문이다. 이 다양성이 있어야 사회가 제 기능을 할 수 있다. 한 사람은 모든 능력을 지닐 수 없어 혼자 살 수는 없다. 그래서 서로 다른 능력을 지닌 사람들이 모인 사회에서 보완해가며 살 수 있다. 그런데 이런 다양한 사람들이 모인 사회를 한 사람처럼 만들려는 행위가 바로 공산주의를 전 사회로 확장하는 것이라며 아리스토텔레스는

반대했다.[11]

공산주의를 전 사회로 확장하는 시도는 사회구성원 간의 우애, 관심, 애정을 훼손하게 된다고 아리스토텔레스는 비판한다. 공산주의를 전 사회로 확장하게 되면 그 자산은 모두의 것이 된다. 그런데 이 '모두의 것'은 두 가지의 형태로 나타날 수 있다. 한 가지는, 모든 사람이 각각 하나의 자산에 대해 '각자의 것'이라고 여기는 것이다. 이 경우는 각자가 자산을 자기 것으로 여겨 관심을 가지고 아끼는 마음으로 대한다. 다른 한 가지는, 모든 사람이 다 같이 그 자산을 '그들의 것'이라고 여기는 것이다. 이 경우에는 그 자산이 내 것이 아니기에 개인적인 관심과 아끼는 마음이 생기지 않는다.

아리스토텔레스는 사람은 자신에게 속한 것에 관심과 애정을 더 많이 쏟기 마련이라고 생각했다. 사람들은 다른 사람의 자식들보다 자기 아이들을 더 많이 아끼고 더 잘 보살피려는 성향이 있다. 자산도 자기에게 속한 것에 더 관심과 애정을 쏟기 마련이다. 공산주의를 전 사회로 확장하는 시도는 결국 자산이 그 누구에게도 속하지 않게 해, 사람들이 자산을 아끼고 보살피는 마음이 덜 생기게 될 거라고 주장한 것이다. 그래서 아리스토텔레스는 공동소유와 개인적 소유를 잘 섞을 필요가 있다고 주장했다. 자산은 원칙적으로 공동체의 공동소유지만, 사람들의 애정과 관심이 잘 생기도록 개인적 소유로도 되어야 한다고 주장한 것이다. 이것이 앞서 얘기한 아리스토텔레스의 기본자산 아이디어다. 공동체의 모든 자산은 공동소유다. 그러나 각 개인에게 어느 정도 넉넉한 자산이 있다면 그 개인은 그 자산을 잘 활용해서 스스로 자립할 수 있을 뿐 아니라 어려운 친구도 도울 수 있다. 이 책에서 제시하는 기본자산제는 이러한 정신에 기반을 둔 것이다. 아리스토텔레스처럼 공동소유와 개인적 소유를 잘 섞으려는 제도이다.*

필자는 일정 규모 이하의 작은 공동체 사회에서만 공산주의가 작동할 수 있다고 본다. 아리스토텔레스가 얘기했듯이, 개인적 관심과 애정 그리고 우애가 생기려면 구성원끼리 가까워야 한다. 일상적으로 만나서 밥도 먹고 고민도 서로 나누고 공감할 수 있어야 한다. 그래야

● 사회 전체를 하나의 조합으로 구성하려는 공산주의 사상은 다른 지역보다 서구에서 특히 많이 등장해왔다. 16세기 영국에서 대법관의 자리에까지 오른 성직자 토머스 모어(1478~1535)가 쓴 『유토피아』는 서구의 공산주의 이념이 16세기까지도 강하게 살아남아 있다는 것을 잘 보여준다. 그리고 20세기 초에는 실제 소련 등 동유럽에서 사회 전체를 하나의 조합으로 구성하는 공산주의 실험이 현실화했다. 반면, 동아시아에서는 공산주의 사상이 근대 이전에는 거의 자리 잡지 않았다. 오히려 뒤에 설명할 정전제井田制처럼 공동소유와 개인적 소유를 유기적으로 잘 통합한 형태의 자산 소유제가 이상적인 것으로 널리 여겨져왔다.

비로소 공산주의가 가능하다. 이것이 대략 200명 이하의 협동조합에서는 가능하다. 물론 가족보다는 느슨한 형태겠지만, 그런 조합에서는 어느 정도 공산주의를 실현할 수 있다. 이런 협동조합을 기본자산 개념과 연계하려는 것이 필자가 새롭게 제안하는 기본자산제이다.

기본소득은 불공정한 시장경제구조를 고치지 못한다

기본소득제에서는 재벌의 소유구조 문제나 직장 내 비민주적 문화, 혹은 노사 간의 대립 등의 문제를 근본적으로 해결할 기획을 하지 않는다. 여기서도 기본소득제가 지닌 사이비 공산주의 특성이 문제다. 앞서 말했듯이, 기본소득제에는 그 공산주의적 특징에도 불구하고 시장을 필요로 한다는 점에서 사이비 공산주의라고 했다. 기본소득제는 시장을 매우 필요로 한다. 시장이 있어야 기본소득으로 배당받은 현금을 이용해 생활물품을 사들일 수 있고, 기본소득을 배당하기 위한 재원도 마련할 수 있기 때문이다. 그러나 동시에 일하지 않을 자유를 각 개인에게 선물해줌으로써 이 시장으로부터 회피할 수 있도록 돕는다. 이윤 추구라는 시장의 논리에 휘둘리면, 창작 활동이나 봉사활동 등 이윤은

못 내지만 의미 있는 노동을 할 수 없다. 그래서 이런 노동을 자율적으로 하기 위해서는 시장에서 벗어날 수 있어야 한다고 기본소득론자들은 주장한다. 생활물품을 구해야 할 때나 배당할 돈을 마련할 때는 시장을 필요로 하지만, 의미 있는 노동을 자율적으로 하기 원할 때는 시장이 필요하지 않다. 달면 삼키고 쓰면 뱉는다.

그래서 기본소득제에는 자본주의적 시장구조를 개혁할 기획이 전혀 없다. 불평등한 자본주의적 임금노동 계약, 소수 재벌에 의한 회사의 독점적 소유, 직장 내 비민주적 의사결정 구조, 노사 간의 대립, 시장에서의 독과점 등의 문제 자체를 없앨 방도를 고민한 흔적이 없다. 그저 이런 시장으로부터 회피할 수 있도록 기본소득을 사람들에게 배당한다. 그리고 일할 사람들이 빠져나간다는 위협을 자본가들에게 한다. 이렇게 위협하면 자본가들 스스로 자본주의적 시장을 조금이라도 개선하지 않겠냐는 막연한 기대를 할 뿐이다. 그리고 자본주의적 시장이 개혁되지 않아도 무방하다. 부유층으로부터 세금을 걷어 기본소득으로 모두에게 배당하면 된다고 생각하기 때문이다. 이것이 기본소득제가 그리는 사회상이다. 시장을 공정하고 삶에 의미 있는 노동이 가능한 곳으로 바꿔야 하는데, 그런 기획은 기본소득제에 없다.

반면 협동조합과 연계하여 시행되는 기본자산제는 주식회사(이 책에서 주식회사를 말할 때는 모두 유한책임 주식회사를 의미한다. 그에 대한 설명은 128쪽을 참조하다.))에 기반한 불공정한 시장경제를 민주적인 협동조합에 기반한 공정한 시장경제로 점차 탈바꿈해나갈 수 있다. 이를 통해, 주식회사가 초래하는 재벌의 소유구조 문제나 직장 내 비민주적 문화, 혹은 노사 간의 대립 등의 문제를 근본적으로 해결하려 한다.

기본소득제는 사회복지제도를 대체해
양극화를 심화시킨다

기본소득제는 기존 사회보장제도의 한계를 극복하기 위해 제시되었다. 그래서 기본소득제는 기존 사회보장제도 중 의료와 교육 등의 복지서비스는 유지하지만, 복지성 현금 지출 부분은 상당 정도로 대체하게 된다. 앞서 살펴듯이 파레이스는, 선진국에서 1인당 GDP의 1/4을 기본소득으로 배당하게 되면 사회보장지출 중에 현금 부분의 절반은 사라질 거라고 가정한다. 그래서 노인연금·아동수당·농민수당·실업급여 등의 기존 사회수당과 사회보험이 기본소득액보다 적으면 기본소득으로 대체한다고 분명히 얘기하고 있다. 기본소득론자들은 최저생활비 지원 등의 기존 사회부조제도의 문제점이 지원받는 가정의 자산을 국가가 '조사'한다는 점이라고 비판하고 있으므로, 최저생계비 보장 등 기존 사회부조제도 또한 기본소득이 대체하게 된다. 더구나 파레이스는 유치원 서비스 등 사회서비스도 기본소득이 대체할 거라고 명시하고 있다.[12]

그러나 현금 지출성 사회보장제도를 대체하는 것은 매우 큰 문제이다. 왜냐하면, 아래 사회보장론자들의 주장처럼, 기본소득제는 현금 지출성 사회보장제도보다 소득보장과 복지 사각지대 해소, 소득재분배, 소비증대 측면 모두에서 비효율적이기 때문이다. 그리고 앞서 설명했듯이, 충분한 액수(예를 들어, 월 80만 원)의 기본소득을 각 개인에게 매월 지급하는 것은 어마어마한 규모의 필요 재원 마련이 불가능해 실현될 수 없다. 그래서 결국 월 5만 원 혹은 10만 원짜리 기본소득을 도입하게 될 수밖에 없다.

그래서인지, 현재 한국의 기본소득론자들은 과도기적으로 적은 액수의 기본소득제부터 실현하자면서, 이렇게 하면 현금 지출성 사회보장제도와 공존할 수 있다고 주장하고 있다. 그러나 이 두 제도는 같은 재원을 쓴다. 현금 지출성 사회보장제도가 기본소득제보다 효율적이라면 이 재원을 모두 현금 지출성 사회보장제도에 쓰는 것이 옳다. 이 재원의 일부를 기본소득에 쓰게 되면, 결국 사회보장에 쓸 돈이 대체되는 셈이어서 취약계층이 도움을 받기 더 어려워진다.

현재 이 기본소득제에 대한 사회보장론자들의 비판이 날카롭다. 이 날카로운 비수에 꽂혀 기본소득론자들이 맥을 못 추고 있다. 이 비판을 좀 더 자세히 정리하면 다음 몇 가지가 된다.(아래 내용은 사회보장론자인 양재진 연세대 교수와 이상이 복지국가 소사이어티 공동대표의 주장을 참조해 정리한 것이다.[13])

첫째, 기본소득은 소득보장과 사각지대 해소 측면에서 현금 지출성 사회보장제도와 비교해 훨씬 비효율적이다. 예를 들어, 한국은 2019년에 실업급여로 9조3000억 원을 지출했는데, 개인당 최대 월 198만 원까지 실업급여를 받을 수 있었다. 그런데 만약 이 9조3000억 원을 5200만 명 모든 국민에게 기본소득으로 나누어 지급하면 월 1만4900원짜리 기본소득이 된다. 이 돈은 점심을 두어 번 사 먹으면 끝나고 만다. 실업자에게는 전혀 도움이 되지 않는 금액이다.

2017년 기준으로 전체 현금 지출성 복지 금액이 약 73조 원 정도다. 이 지출액으로 기초생활보장제도의 생계급여로 1인 가구당 월 52만7000원(주택급여까지 포함하면 79만3000원)을 지급하고, 실업급여로 1인당 최대 월 198만 원을 지급하고 있으며, 육아휴직급여로 1인당 최대 월 194.4만 원(순차적으로 부부가 사용하면 3개월 최대 250만 원)을 지급하고, 기초연금으로 하위 20%에 월 30만 원을 지급하며, 아동수당으로 월 10만 원을 지급하고 있다. 그런데 만약 이 73조 원의 사회보장지출액을 기본소득으로 모든 국민 5200만 명에게 지급하면 월 11만 7000원밖에 되지 않는다. 기본소득론자들은 기본소득이 지원금을 받지 못하는 사람을 없애 복지 사각지대가 해소된다고 주장하지만, 월 11만7000원짜리 소액 지원금으로는 소득보장의 의미가 없어 실제적으로는 모든 사람을 사각지대로 내모는 셈이다.

이렇게 사회보장제도가 소득보장 효과가 큰 이유는 보험적 성격이 있기 때문이다. 사회보장은 상호부조의 원칙에 따라 공동체가 어려움에 부닥친 구성원이 생기면 그 성원을 돕는 제도이다. 어려움을 겪는 구성원만 지원하기 때문에 이들에 대한 소득보장을 크게 할 수 있는 것이다. 반면, 기본소득은 소득보장을 1/n로 하므로 같은 재원으로 소득보장을 하는 효과가 크게 떨어질 수밖에 없다.

둘째, 기본소득은 소득재분배와 양극화 해소 측면에서 현금 지출성 사회보장제도와 비교해 훨씬 비효율적이다. 기본소득과 사회보장 모두 세금으로 재원을 마련하므로 세금을 걷을 때 부유층에게 누진적으로 세금을 많이 걷게 되면 소득재분배 효과가 생긴다. 세금 징수에서의 재분배 효과는 기본소득과 사회보장이 같다. 그런데 거둬들인 세금을 지출할 때 기본소득에서는 소득재분배 효과가 전혀 생기지 않는다. 부유층까지도 1/n로 나눠서 똑같은 금액을 주기 때문이다. 반면, 사회보장제도에서는 저소득층과 실업자, 산재 피해자, 은퇴자, 육아 담당자 등 소득이 없거나 크게 줄어든 사람들에게 급여가 지급되기 때문에 소득재분배 효과가 생겨 양극화 해소에 도움이 된다. 연구에 따르면, 누진 소득세의 소득재분배 효과가 1이라고 하면, 사회보장급여의 소득재분배 효과는 3.12라고 한다. 어떻게 거둬들이는지보다, 어떻게 쓰는지가 소득재분배에서 더욱 중요한 것이다.

셋째, 기본소득은 소비증대 효과 측면에서 현금 지출성 사회보장제도와 비교해 훨씬 비효율적이다. 지난 5월 정부가 재난지원금을 기본소득제처럼 모든 사람에게 1인 가구당 40만 원을 지급했다. 이 재난지원금에는 신종 코로나바이러스로 인해 얼어붙은 소비를 풀려는 목적도 있었다. 그러나 부유층에게 지급된 지원금은 저소득층에게 지급된 지원금에 비해 소비증대 효과가 매우 떨어진다. 저소득층은 원래 쓸 돈이 부족하기에 지원금을 주는 대로 모두 소비 지출하지만, 부유층 경우는 재난지원금을 받은 만큼 원래 지출하던 현금 소비가 줄어들어 소비증대 효과가 낮다. 소비증대를 위해 재난지원금을 지원하는 거라면, 같은 규모의 예산 모두를 저소득층에게만 지급했어야 했다. 예를 들어 모두에게 40만 원씩 주는 것보다 하위 50%에 80만 원을 주는 게 더 효과적이었을 것이다. 마찬가지 이유로, 부유층에게도 1/n로 같은 금액을 지급하는 기본소득도 소비증대 효과가 사회보장제도에 비교해 훨씬 떨어진다. 반면, 사회보장제도는 소득이 없거나 크게 줄어든 사람들에게 급여를 지급하기 때문에, 이 사람들은 급여의 거의 모든 부분을 소비로 지출할 것이다.

넷째, 기본소득제는 현금 지출성 사회보장제도를 대체할 수밖에 없다. 앞서 말했듯이, 소득세·법인세·부가가치세 등 같은 재원을 쓰기 때문에, 기본소득으로 지출이 느는 만큼 현금 지출성 사회보장제도는 축소된다.

다섯째, 우리나라는 사회보장을 확충할 여력이 많지 않다. 우리나라의 GDP 대비 공공사회복지지출 비중은

11%로 OECD 평균인 20%에 비해 9% 차이가 난다. 이
낮은 지출 비용이 현재 우리나라 복지제도에 사각지대
가 크고 사회 보장성이 낮은 이유다. 그런데 고령화율을
고려하면 실제 차이는 OECD 평균과 9%가 아니라 3%
정도다. 고령층에 대한 연금과 의료비 지출이 사회보장
지출의 70%을 차지하는데, 우리나라의 고령화율은 15%
로 서유럽의 22%보다 낮기 때문이다. 우리나라에 고령
화가 더 진행되면 복지 사각지대를 그대로 두고 사회보
장성도 높이지 않더라도 자동으로 OECD 평균에 근접
하게 된다. 재원을 기본소득에 쓸 여력이 없는 셈이다.

　여섯째, 기본소득론자들은 기존 사회보장제도에서는
급여를 대상자로 선별하는 데 행정비용이 들지만, 기본
소득제에서는 이런 불필요한 행정비용을 아낄 수 있는
장점이 있다고 주장한다. 사회보장론자들은 기본소득론
자들이 이 행정비용이 마치 거대한 규모인 것처럼 과장
한다고 비판한다. 이 행정비용은 효율적인 사회보장제
도를 운용하는 데 필요한 최소한의 투자라고 봐야 한다.
기본소득론자들의 주장대로라면, 국가기관을 운영하는
데 들어가는 여러 비용도 '불필요한 행정비용'에 다름
아니다.

기본자산제는 사회보장제도의 확충을 돕고
양극화를 해소한다

　　　　　　　　기본소득이 사회보장제도를 대체
한다는 사회보장론자들의 비판은 타당하다. 반면, 필자
가 제안하는 기본자산제는 사회보장제도를 전혀 대체하
지 않고 오히려 보완한다. 기본자산제는 경제시스템이
기 때문이다. 즉 자본주의 시장경제시스템을 보다 공정
한 시장경제시스템으로 재구축하는 제도이기 때문이다.
반면, 기본소득제는 양극화의 근본 원인인 자본주의 시
장경제시스템을 그대로 두고 재분배에만 손을 대기 때
문에 사회보장제도를 대체하고 무력화시킨다.

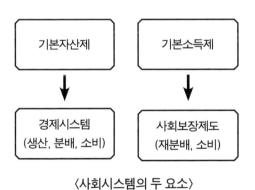

〈사회시스템의 두 요소〉

　위 그림에서 보듯이 왼쪽의 생산·분배·소비의 역할
을 거치는 경제시스템은 오른쪽의 재분배·소비 역할을

하는 사회보장제도와는 다르다. 그래서 제2차 세계대전 이후 자본주의 황금기라고 불리는 서구의 사회복지 국가에서는 자본주의 경제시스템을 규제하여 완전고용을 추구하되, 이 자본주의 경제시스템이 초래하는 사회적 위험에 개인이 노출되었을 때 사회보장제도로 보호해주려고 시도했다. 그러나 1970년대 후반 이후로 신자유주의가 등장하면서 자본주의 경제시스템이 극심한 자산·소득 불평등, 비정규직, 직장 내 비민주성 등의 문제를 초래하고 기존의 사회보장제도로는 이 문제들을 해소하지 못하게 되었다. 이에 대한 대안으로 기본소득론자들은 재분배 영역을 고쳐 문제를 해결하자고 주장하고 있다. 양극화의 원인이 되는 자본주의 경제시스템을 고치지는 않고 사회보장 영역만 손을 대는 것이다.

이에 반해, 기본자산은 경제시스템 자체를 개선하는 것을 목표로 한다. 자본주의 경제시스템의 핵심제도인 임금노동, 소수 대주주에 의한 회사 소유, 배타적 재산권, 상속권, 부채 관념 등을 근본적으로 개혁하여 공정한 경제시스템으로 재구성하고자 하는 것이다. 그래서 극심한 자산·소득 불평등, 비정규직 확대, 직장 내 비민주성, 재벌문제, 위험의 외주화, 장시간의 노동, 부당한 하청관계, 노사 갈등 등의 문제 그 자체를 없애려 한다.

현재의 경제체제는 이런 많은 양극화 문제들을 양산해낼 뿐 아니라, 그 자체로 효율적이지도 않다. 양극화로 인해 다수의 사람이 개인의 능력을 개발할 기회를 박탈당하고 있기 때문이다. 각 개인의 잠재적 능력이 충분히 개발되어야 사회의 생산성이 향상될 수 있다. 그런데 양극화로 인해 자기계발을 할 시간적·금전적 여유 없이 하루하루 근근이 살아가는 사람들이 다수를 이루면서, 사회적 생산성이 정체되고 있다. 기본자산제는 이들에게 자립할 수 있는 기본자산을 마련해줌으로써 사회적 생산성도 재고할 수 있다.

기본자산제는 기존 사회보장제도가 쓰는 재원을 사용하지 않는다. 현재 우리나라의 사회보장지출은 GDP의 11~12% 수준에 머물고 있다. OECD 평균 20~21% 수준까지, 더 나아가 서구 선진국의 25~30% 수준까지 사회보장지출을 늘리려면 누진적 소득세, 부가가치세 등에서 막대한 증세가 필요하다. 기본소득은 이 세원으로 재원을 마련하기 때문에 사회보장제도를 크게 위축시키지만, 기본자산은 이 세원에 전혀 손을 대지 않는다. 기본자산은 세금이 아니라 사회적 상속을 통해 재원을 마련한다.(자세한 설명은 5장을 보길 바란다.) 그리고 기본자산제는 경제시스템을 더 효율적으로 개혁해 세금을 더

많이 걷을 수 있도록 한다. 또한 빈곤층에게 기본자산을
마련해주어 자립하게끔 하면, 정부는 같은 규모의 지출
액으로도 더 다양한 사회복지서비스를 국민에게 제공할
수 있을 것이다.

기본소득론자들은 4차 산업혁명에 대한
막연한 공포감을 조장한다

기본소득론자들은 4차 산업혁명
에 대한 막연한 공포감을 조장해 기본소득을 마케팅하
고 있다. 파레이스 등의 기본소득론자들은 4차 산업혁명
의 자동화 물결, 즉 인공지능·로봇·자율주행자동차 등
이 사람이 하던 일을 대체하면서 대다수 사람은 일하고
싶어도 일할 수 없는 세상이 된다고 주장한다. 이렇게 되
면 자동화를 설계하고 통제할 일부 사람들은 부와 소득
을 급격히 쌓겠지만, 나머지 대다수 사람의 부와 소득은
지금보다 현저히 낮아져 양극화가 극심해질 것이다.[14] 이
양극화 문제를 기존 사회보장제도로는 도저히 감당하기
어려우므로 새로운 대안인 기본소득을 반드시 도입해야
한다고 기본소득론자들은 주장한다.

기본소득론자들의 주장처럼, 현재 자본주의 시장경제
가 초래하는 양극화의 문제는 사회보장제도를 확장하

는 것으로는 근본적 해결이 불가능하다. 사회보장제도는 자본주의 경제체제를 개혁하는 데 그 목적을 두고 있지 않으며, 자본주의 체제가 사회적 위험에 노출되어 어려움을 겪는 공동체 성원을 돕고자 마련된 제도이기 때문이다. 이렇게 사회보장제도는 시장경제체제에 보조적 역할을 하기에, 양극화를 완화할 수는 있지만 근본적으로 해결할 수는 없다.

그렇다면, 기본소득론자들이 주장하듯이 양극화의 원인이 기술발전 때문일까? 양극화가 일어나는 원인을 기술발전에 돌리는 지식인들은 몇백 년간 참 많았다. 그러나 이들은 잘못된 생산 개념에 근거해 문제의 원인을 착각한 것이다. 이들이 생산을 생각할 때는 땅을 직접 일구거나 자동차를 직접 조립하는 이미지를 떠올릴 것이다. 기본소득론자들도 로봇이나 자동화가 이런 생산활동을 대신할 것이므로 일자리도 같이 없어져 일하고 싶어도 일하지 못하는 사람들이 늘어난다고 생각한다. 그러면서 4차 산업혁명에 대해 막연한 공포감을 조장한다.

그러나 생산활동이란 이들이 생각하는 것 그 이상이다. 생산활동이란 분업과 분배가 같이 이루어지는 과정이기 때문이다. 이 분업과 분배는 시장경제에서는 계약을 통해 이루어지는데, 계약자들 간의 권력관계가 이 계약의 내용을 크게 좌우한다. 기술발전은 분업을 재편하지만, 그 과정에서 이루어지는 계약으로 누가 더 이득을 보고 더 손해를 보는지는 기술에 의해서가 아니라 권력 관계에 의해 결정되는 것이다.

도시에 사람들이 많이 모이거나 기술이 발전하면 없던 직업이 생긴다. 이것이 분업이 재편되는 현상이다. 인구가 적은 농촌에는 지금도 각 가정에서 직접 옷을 세탁하지만, 인구가 많은 도시에는 세탁소가 생겨 세탁이라는 작업이 분업화되는 식이다. 새로운 기술이 도입되면 그 기술의 특성에 따라 사람들 간의 분업이 재편된다. 분업은 거의 제한 없이 할 수 있는 일이다. AI와 로봇이 많은 직업을 대체해서 없애겠지만, 사람들은 분업을 재편해 수없이 새로운 직업을 만들 것이다. 인간 역사에서 기술진보가 혁신적으로 일어날 때마다 생긴 일이다.

시장경제에서 이 분업의 재편은 계약을 통해 이루어진다. 새로 생긴 일에 적절한 가치를 매기는 것도 계약을 통해서다. 이 가치를 매기고 그에 맞게 돈을 지불하는 과정이 분배이다. 그래서 생산 과정에서 분배가 일어나는 것이다. 한 가지 예를 들어 설명해보자. 한 달에 900만 원 월급을 받는 대학교수와 그 대학에서 한 달에 180만 원 월급을 받고 건물을 청소하는 청소부가 있다고 하자. 왜

후자는 전자보다 다섯 배 많은 월급을 받는 걸까? 대학
교수가 청소부보다 다섯 배 많은 가치를 생산하기 때문
일까?

근대 초부터 많은 경제학자는 오랫동안 어떤 노동활
동(예를 들어, 대학교수의 강의)이 다른 노동활동(예를 들
어, 청소부의 청소)보다 더 많은 가치를 생산한다고 믿었
고 이를 입증하기 위해 노력했다. 그 하나의 사례가 노동
가치설이다. 노동가치설을 믿는 경제학자들은 이 두 사
람의 월급 차이가 원칙적으로 노동가치의 차이를 반영
해야 한다고 믿었다. 물론 가격과 가치가 정확히 일치하
는 것은 아닌데, 다른 우연적인 요소들이 영향을 미치기
때문이다. 어쨌든, 노동가치론자들은 두 노동활동이 다
른 가치를 지니는 이유가 둘 사이의 노동 강도와 질 그리
고 그 노동활동을 하는 사람을 교육하고 양육하는 데 필
요했던 자원들의 가치 등이 다르기 때문이라고 여긴다.
그러나 이 노동가치론의 치명적 약점은 노동의 질과 강
도라는 노동의 '질質,quality'적 특성이 이 노동의 가격이라
는 '양量,quantity'으로 그 형태가 변화할 수 있느냐는 문제
이다. 그것은 불가능하다. 이것이 현대철학의 답이다. 진
리를 탐구하는 사람이 아무도 없으면 사회는 유지될 수
없다. 마찬가지로 청소하는 사람이 아무도 없으면 사회

는 유지될 수 없다. 두 활동의 가치를 놓고 우열 매기는 것은 불가능하다.

사실 대학교수와 청소부의 임금에 차이가 생기는 이유는 사회적 합의 때문이다. 이 사회적 합의를 우리는 게약이라고 부른다. 시장은 이러한 계약들이 이루어지는 곳이다. 정치학에서는 이런 계약들이 '권력관계'에 좌우된다고 본다.[15] 이 권력관계에 따라 임금도 결정된다. 생산 과정에서 이런 식으로 '분배'가 이루어진다.

기본소득론자들은 이 권력관계가 미치는 지대한 영향을 고려하지 못하고, 다수의 노동자가 비정규직으로 전락하고 낮은 임금을 받는 이유를 4차 산업혁명이라는 기술발전에 돌린다. 그리고 4차 산업혁명에 암울한 미래상을 억지로 씌우고는 기본소득을 마케팅하는 데 사용한다. 이와는 달리 이 책에서 제안하는 기본자산제는, 이 권력관계를 근본적으로 개혁해 계약의 호혜성을 높여 생산 과정에서 분배가 좀 더 공정하게 이루어지도록 한다.

기본소득론자들의 주장처럼 돈을 찍어 배당하면 금융시스템이 붕괴될 것이다

파레이스는 기본자산의 재원을 마

련하는 것이 어렵다는 것을 잘 안다. 그래서 그를 포함한 다수의 기본소득론자는 통화팽창을 통해서도 재원 마련이 가능하다는 무책임한 주장을 한다.[16] 그들은 현대금융시스템이 어떻게 운영되는지 전혀 모른 채 이 금융시스템을 붕괴시킬 제안을 하고 있다.

현대금융시스템의 중요한 특징 중 하나는 별 가치 없는 종잇조각을 금같이 귀중한 것으로 만드는 데 있다. 미화 100달러짜리 한 장을 생산하는 데 미국 연방준비은행은 19.6센트를 쓴다.[17] 즉 미국 100달러짜리 지폐는 원래 그 가치가 500분의 1도 안 되는 것이다. 우리나라 돈도 마찬가지다. 5만원권 지폐를 생산하는 데 200원 정도밖에 들지 않는다. 5만권 지폐도 원래 가치는 250분의 1밖에 안 되는 것이다. 어떻게 19.6센트 가치밖에 안 되는 종잇조각이 귀중한 100달러짜리가 되고, 200원 가치밖에 안 되는 종잇조각이 귀중한 5만 원짜리가 되는 걸까?

이것을 이해하려면, 현대금융시스템이 어떻게 작동하는지 알아야 한다. 이것을 모르는 기본소득론자들은 생산비용이 19.6센트 혹은 200원밖에 들지 않으니 100달러짜리 혹은 5만 원짜리 종이돈을 그냥 찍어내 기본소득으로 배당하자고 주장한다. 그러나 그냥 100달러 지폐를 찍어내 기본소득으로 배당하면, 100달러짜리는 100

달러가 되지 않고 19.6센트가 된다. 그냥 5만 원권을 찍어내 기본소득으로 배당하면, 5만 원권은 5만 원이 되지 않고 200원이 된다. 19.6센트짜리를 100달러로, 200원짜리를 오만 원으로 만드는 현대금융의 제도적 절차를 거치지 않기 때문이다. 이 제도적 장치를 거쳐야 하기에, 돈을 찍어내는 통화팽창으로는 기본소득의 재원을 마련할 수 없다. 만약 이것을 시도하면, 현대금융시스템은 붕괴한다.

19.6센트짜리 지폐를 100달러짜리로 만드는 현대금융시스템의 제도적 장치를 이 책에서 전부 설명하기는 어렵다. 다만 여기서는 한 가지만 설명하도록 하겠다. 현재 미국 달러는 국가가 발행하는 국정 화폐는 아니다. 미국 달러는 민간은행들의 연합체인 연방준비은행이 발행하기 때문이다. 미국 정부는 민간은행들의 연합체가 발행한 달러를 사지 않고 빌린다. 100달러 지폐 한 장을 발행하는 데 든 비용 19.6센트 정도만 지불하고 연방준비은행으로부터 그 지폐를 살 수 있을 텐데 그러지 않는 것이다. 그 대신 빌린다. 마치 진짜 100달러짜리 금화를 빌리는 것처럼, 100달러에 대한 이자를 정기적으로 지급하고 100달러 원금을 약속한 날짜에 돌려주기로 약속하고서 빌리는 것이다. 이러한 정부의 정치적 행위를 통해

종이쪽지에 불과한 달러는 마치 금처럼 가치가 있는 것이 된다. 여기서 "금화를 빌리는 것처럼"이 중요하다. 미국 정부가 100달러 지폐 한 장을 연준으로부터 빌릴 때, 19.6센트짜리 한 장을 빌린 것처럼 간주하고 19.6센트에 대한 이자만 지불하면 100달러 지폐는 100달러가 되지 않는다. 마찬가지로, 만약 미국 정부가 그냥 19.6센트만 연방준비은행에 지불하고 100달러짜리 지폐를 사서 이 돈으로 재정지출을 한다면, 이 100달러짜리 지폐는 19.6센트에 머문다는 말이다.

통화팽창으로 기본소득을 배당해도 같은 현상이 생긴다. 즉 미국 정부가 그냥 19.6센트만 연방준비은행에 지불하고 100달러짜리 지폐를 사거나 혹은 미국 정부가 스스로 19.6센트를 들여 100달러짜리를 만든 후 이 돈을 정부가 직접 국민에게 배당하면, 이 100달러짜리 지폐는 19.6센트에 머물고 100달러짜리가 되지 못한다. 물론 이렇게 찍어내 시중에 풀린 100달러짜리 지폐들이 많지 않으면 100달러짜리처럼 기능한다. 위조지폐가 돌아다녀도 어느 정도까지는 금융시스템에 무리를 주지 않는 것처럼 말이다. 그러나 이렇게 찍어낸 가짜 100달러짜리들의 비중이 어느 정도를 넘으면 금융시스템은 붕괴한다.

그래서 100달러를 국민에게 기본소득으로 배당하려

면, 미국 정부는 민간기업인 연방준비은행으로부터 100 달러를 빌려와야 한다. 국가 전체가 민간기업인 연방준비은행에 빚을 지지 않으면, 즉 빚쟁이로 전락하지 않으면 불가능한 것이다. 그래서 어떤 기본소득론자들은 국가가 부채를 얼마든지 져도 된다고 억지 주장을 한다. 특히, 국채 발행을 정당화하는 포스트케인스주의류의 현대화폐이론Modern Money Theory이라는 잘못된 이론이 무비판적으로 수입되면서 국가부채로 기본소득을 배당하자는 주장이 힘을 얻고 있다.

그렇지만 국가가 빚쟁이로 전락한다는 것이 얼마나 무서운 일인지 알아야 한다. 이것은 역사를 보면 안다. 예를 들어, 1970년대 후반기 들어서면서 180도 변화된 미국의 대외정책은 미국의 국채와 깊은 연관이 있다. 이 변화로 인해 '신자유주의' 시대가 도래한다. 1970년대 이전에 미국은 가장 큰 채권자였다. 그래서 유럽이나 우리나라 등에 무상원조도 주는 너그러운 채권자였다. 그러나 1970년대 이후로 미국은 가장 큰 부채를 진 빚쟁이가 된다. 이후 미국의 대외정책은 공격적이고 침략적으로 된다. 그리고 미국은 돈이 되는 짓은 무엇이든 하는 나라로 서서히 변모해갔다. 빚쟁이의 불안함 그리고 주위의 모든 것을 돈벌이의 대상으로 삼는 심리가 생긴 것이다. 불어나는 이자를 잘 갚아야 한다는 강박에 빠지면 그렇게 된다. 근대 '국채'의 역사는 근대 '제국주의'의 역사였다. 이 둘의 관계를 빼고, 근대를 논할 수 없다. 그래서 18세기 중반을 살았던 임마누엘 칸트도 평화의 전제조건으로 국채의 폐지를 주장했다.[18] 국채로 전쟁자금을 신속하게 잘 모은 영국 등의 몇몇 국가는 패권국이 되었고,[19] 그러지도 못한 우리나라 같은 약소국은 다른 나라에 빚을 지다 채권국의 강압에 밀려 나라를 잃었다.

현재 세계가 극심한 양극화로 고통받고 있고 상황을 해결하기 위해서는 기본으로 돌아가야 한다. 그런데도 손쉬운 방법을 찾다보니 국채 발행, 통화팽창, 그리고 기본소득 같은 변칙적인 방법만 눈에 보이는 것이다. 나누고 연대하는 것으로 돌아가는 게 기본이다. 공정하게 분업하고 어려울 때 서로 돕는 나눔과 연대라는 기본 정신으로 돌아가야만 이 책에서 제안하는 기본자산제에 귀를 기울일 수 있다.

기본자산제는 실현 가능하고
기본소득제는 실현 불가능하다

언뜻 보기에는 자산 양극화를 그대로 두는 기본소득제가 실행하기에 쉬워 보인다. 부유층의 자산을 공유화하지 않으니 부유층과 다툴 필요가 없어 보이기 때문이다. 앞서 설명했듯이, 자산 공유화를 하지 않기 때문에, 파레이스가 주장하는 월 80만 원 혹은 이재명 도지사가 주장하는 월 50만 원짜리 충분한 금액의 기본소득은 실현 불가능하다. 그리고 이재명 도지사가 작은 규모로 시작하자면서 제안하는 월 4만 원짜리 푼돈 기본소득은 실행이 가능하겠지만, 이렇게 되면 양극화를 더 심화시켜 결국 우리는 정의를 회복할 기회를 잃게 된다. 반면, 기본자산제는 자산의 공정한 재분배를 직접 목표로 삼는다. 그렇기에 기본자산제가 추구하는 공정하고 평등하고 자유로운 사회를 실현할 수 있다.

비유를 들어보자. 배에 칼을 들이대는 수술이 필요한 암환자에게 기본소득론자들은 수술 없이 약 복용만으로도 치료할 수 있다고 얘기한다. 환자는 수술 부작용 등이 있을 수 있다고 생각해 수술을 선택하지 않는다. 그런데 그런 사이에 병이 악화하여 결국에는 그 환자는 죽음을 맞이한다. 반면, 기본자산제는 수술이 필요한 질환에 칼을 과감히 들이댄다. 병이 악화하기 전에 가능한 한 빨리 수술을 해야 치료가 되기 때문이다. 악화하기 전에 수술해야 결국은 그 환자의 목숨을 살릴 수 있다.

이 비유가 기본소득보다 기본자산의 실현이 더 '쉽다'

는 것을 의미하지 않는다. 특히 기본자산제를 위한 사회적 상속을 도입하는 데 자산계급의 반발은 엄청날 것이다. 기본자산제를 하는 게 기본소득제를 하는 것보다 더 어려울 수 있다. 위의 비유는 오히려 현재 우리 사회가 겪고 있는 양극화의 문제를 치료할 가장 적절한 방법이 기본자산제라는 의미이다. 그리고 수술처럼 과감한 결정을 해야 한다는 것을 의미한다.

2장

고대의 기본자산에서
배운다

그렇다면 기본자산제를 어떻게 구현할 수 있을까? 이 제부터 시작이다. 머리말에서 말했듯 기본자산제는 완전히 새로운 것이 아니라, 과거에도 존재했던 방안이다. 우선은 기본자산제가 옛날에 어떻게 구현됐었는지 살펴서 배움을 얻어보자. 온고지신. 옛것을 잘 익히면 미루어서 새것을 알 수 있을 것이다.

플라톤의
클레로스

필자는 기본자산제라는 개념을 플라톤으로부터 배웠다. 기본자산제는 플라톤이 그의 후기 저서 『법률』에서 이상 사회를 그리면서 제시한 자산 배분 원칙이다. 물론 플라톤이 기본자산이라는 용어를 직접 쓰지는 않았다. 플라톤의 『법률』을 번역한 박종현 교수가 이 책의 각주에서 기본자산이라는 용어를 사용했고, 그 용어를 필자가 빌린 것이다.

플라톤의 얘기를 들어보자. 플라톤은 『법률』에서 새로운 지역에 이주하는 사람들을 가정하고, 이들이 어떻게 좋은 사회를 설계할 것인가를 논의한다. 당시는 농경사회이기 때문에, 가장 중요한 자산인 토지를 기본자산만큼씩 추첨으로 각 가족에게 배분하는 것으로 사회의 건설이 시작된다. 당시 평균 가족구성원 수가 4인이었다고 하니, 대략 4인 기준으로 기본적인 토지를 할당받는 셈이다. 이 분배받은 기본자산은 추첨으로 배분된 것이기 때문에, 이 토지를 추첨이라는 뜻의 그리스어 '클레로스kleros'라고 불렀다. 이 클레로스를 분배할 때는 도시국가 변방의 토지와 도시 내의 토지를 나눈다. 변방의 토지는 도시 내의 토지에 비해 비옥도가 떨어지니, 각 가정은 클레로스의 1/2은 변방의 토지에서 추첨으로 받고, 나머지 1/2은 도시 내의 토지로부터 추첨으로 받게 된다.

플라톤은 이 클레로스에 대해서 분배받은 사람 본인도 훼손하거나 팔 수 없도록 법을 제정할 것을 제안한다.

그래서 플라톤은 이렇게 말한다. "추첨으로 갖게 된 가옥이나 토지를 사거나 파는 자는 이에 마땅한 벌들을 받게 될 것입니다."[20] 또한, 돈을 빌려주고 이자와 원금을 받는 것을 금지함으로써, 클레로스를 채권자가 압류하거나 수취할 수 없도록 한다. 즉 그 사람이 얼마나 많은 빚을 졌든 그 사람의 클레로스에 대해서는 채권자가 전혀 건드릴 수 없도록 한다. 그래서 플라톤은 이렇게 말한다. "이자를 조건으로 돈을 빌려주지도 말 것이니, 돈을 빌린 사람은 이자도 원금도 전혀 갚지 않아도 되기 때문입니다."[21]

플라톤에게 법률이 해야 할 가장 중요한 역할은 이 클레로스를 수호하는 것이다. 도시국가의 정부는 각 가정에 배분된 클레로스를 기록하고 공개하는데, 이 클레로스의 분배를 잘 유지하는 것이 정치가인 호법관들이 해야 할 중요한 업무였다.

플라톤에게는 공평하게 배분된 클레로스가 한 가정의 가난의 하한선이 된다. 동시에 플라톤은 부의 축적의 상한선도 설정하는데, 분배받은 클레로스의 4배를 초과해서 토지를 축적해서는 안 된다고 주장한다. 이와 관련해 플라톤의 말을 직접 들어보자.

나라가 어쩌면 가장 큰 질환에, 곧 불화나 내란이라 불리는 게 더 옳을 것에 말려들지 않으려면, 극심한 가난도 부도 그 나라의 일부 시민들에게 있어서는 안 된다고 우리는 주장합니다. 양쪽 것 다가 그 둘을 낳기 때문입니다. 그러므로 이제 입법자는 이것들 각각의 한도를 선언해야만 합니다. 가난의 한도는 추첨에 의한 할당 토지의 값이게 하죠. 이 한도는 유지되어야만 하며, (…) 그 누구의 경우에도 이 한도보다 더 적게 되는 걸 간과하게 되어서는 안 될 것입니다. 입법자는 이를 척도로 정하고서, 이의 (…) 4배까지는 획득하는 걸 허용할 것입니다.[22]

이렇게 사회가 클레로스를 유지하기 위해 애쓰는 데는 두 가지 사회적 목적이 있었다. 하나는 자유의 실현이다. 클레로스는 각 가정이 타인에게 예속되지 않고 자유롭게 살 수 있는 기반이 된다. 다른 하나는 우애의 실현이다. 공동체 내에 부의 분배가 4배 이상 불평등하게 되면, 공동체 성원 간에 불화가 생겨 공동체가 붕괴하기 마련이므로 이를 막아야 하는 것이다.

이런 클레로스는 플라톤의 유토피아적 바람에 불과했을까? 전혀 그렇지 않았다. 플라톤이 제시한 클레로스 제도는 실제 스파르타와 아테네 등 몇 개 도시국가를 제

외하고 고대 그리스 도시국가 대부분에서 실행된 바 있었다고 한다.[23]

예수 그리스도와
클레로스

고대 그리스어 클레로스는 기독교의 성경에서도 여러 차례 등장하는데, 하나님으로부터 원래 할당받은 땅을 뜻하는 말이다. 구체적으로 말하면, 이스라엘 사람들이 가나안 땅에 들어갔을 때 제비뽑기를 하여 할당받았던 땅을 클레로스라고 불렀다. 「출애굽기」 6장 8절에 "내가 아브라함과 이삭과 야곱에게 주기로 맹세한 땅으로 너희를 인도하고 그 땅을 너희에게 주어 기업으로 삼게 하리라"라는 구절이 있는데, 여기서 "기업"이 바로 클레로스이다. 「신명기」 12장 10절의 "너희가 요단을 건너 너희 하나님 여호와께서 너희에게 기업으로 주시는 땅에 거주하게 될 때"라는 구절에서도 클레로스는 기업이라고 번역되어 있다. 또한, 「민수기」 34장 17절에서 29절에도 클레로스를 추첨으로 분배하기 위해 각 지파의 지휘관을 선정하는 내용이 나온다. "너희에게 땅을 기업으로 나눌 자의 이름은 이러하니 제사장 엘르아살과 눈의 아들 여호수아니라. 너희는 또 기업의 땅을 나누기 위하여 각 지파에 한 지휘관씩 택하라."

고대 이스라엘에서 50년을 주기로 반복되는 희년('쥬빌리jubilee'라고 불림)은 빚 때문에 잃었던 클레로스를 원래 농민에게 되돌려주는 해였다. 구약성경 「레위기」 25장에서는 다음과 같이 선포한다.

너희는 오십 년이 시작되는 이 해를 거룩한 해로 정하고, 전국의 모든 거민에게 자유를 선포하여라. 이 해는 너희가 희년으로 누릴 해이다. 이 해는 너희가 유산 곧 분배받은 땅으로 돌아가는 해이며, 저마다 가족에게로 돌아가는 해이다.

메시아 예수 그리스도의 중요한 역사적 임무는 희년을 다시 선포하여 민중들에게 클레로스를 회복해주는 것이었다. 「마태복음」 5장 5절에 "온유한 자는 복이 있나니 그들이 땅을 기업으로 받을 것임이요"라는 말에서의 "기업"도 바로 클레로스다.

플라톤의 클레로스 제도에서처럼 기독교의 클레로스 제도에서도 '빚으로부터 클레로스를 지켜준다'라는 사상이 강하게 남아 있다. 우선은 공동체 성원끼리는 이자를 받고 돈을 빌려주는 행위를 금지한다. 그래서 「레위기」25장에서 다음과 같이 선포한다.

네 형제가 가난하게 되어 빈 손으로 네 곁에 있거든 너는 그를 도와 거류민이나 동거인처럼 너와 함께 생활하게 하되, 너는 그에게 이자를 받지 말고 제 하나님을 경외하여 제 형제로 저와 함께 생활하게 할 것인즉, 너는 그에게 이자를 위하여 돈을 꾸어 주지 말고 이익을 위하여 네 양식을 꾸어 주지 말라.

그리고 빚을 주기적으로 탕감한다. 7년마다 돌아오는 안식년에 그 빚탕감을 실시한다. 그래서 「신명기」15장에 다음과 같이 선포한다.

매 칠 년 끝에는 면제하라. 면제의 규례는 이러하니라 그의 이웃에게 꾸어준 모든 채무는 그것을 면제하고 그의 이웃에게나 그 형제에게 독촉하지 말지니 이는 여호와를 위하여 면제를 선포하였음이라.

예수의 빚탕감 선언은 이러한 기독교의 전통에서 비롯한다고 볼 수 있다. 예수가 살았던 당시 사용했던 언어가 아람어였는데, 아람어에서는 '죄'라는 단어와 '빚'이라는 단어가 같았다. 예수가 "너의 죄를 사해주겠다"라는 선포한 것은 사실은 "너의 빚을 탕감해주겠다"라는 것이었다. 빚을 탕감하고 클레로스를 돌려주는 희년을 다시 선포하러 온 메시아 예수는 민중에게 빚으로 잃었던 클레로스를 돌려주겠다고 한 것이다.

이러한 예수의 사상은 중세 서유럽 1000년간의 기틀이 된다. 중세 기독교는 농민에게 이자를 받고 돈을 빌려주는 것을 금지하여 농민들이 빚 때문에 분배받은 토지를 잃는 것을 막았고, 일정한 토지를 영구하게 경작할 수 있는 권리를 농민들에게 보장하는 제도를 실행했다. 이를 통해, 극심한 수탈을 당했던 고대 로마의 노예에 비해 중세 농민의 삶은 상당히 개선되었다.

동아시아의
정전제

기본자산제는 유럽에만 존재했을까? 그렇지 않다. 이제 우리에게 익숙한 역사와 인물들 얘기를 해보자.

기본자산제는 우리 역사에도 등장하는데, 대표적으로 통일신라 시대 성덕왕 21년에 실시되기 시작했던 정전제丁田制를 들 수 있다. 정년丁年(20~59세)에 해당하는 일반 백성이 일정한 면적의 토지를 분배받고 경작하여 수확 일부를 세금으로 국가에 내고 나머지는 본인이 갖는 것인데, 60세가 되면 국가에 반납했다. 반납된 이 토지는 다시 정년에 이른 다른 사람들에게 분배되었다.[24] 이 정전제는 대표적인 생산수단인 토지를 각 생산자에게 몸의 일부처럼 붙여주는 것으로, 전형적인 기본자산제로 볼 수 있겠다.

또다른 정전제井田制는 중국과 한국 등에서 2000여 년 동안 이상적인 토지제도의 원형으로 생각해왔던 제도이다. 여기서 정전제는 성인 남자를 뜻하는 장정의 丁자가 아니라 우물 井자를 쓴다는 점에서 통일신라시대의 정전제丁田制와는 다르지만, 취지와 방식은 거의 유사하다.

정전제에서 우물 井자는 아홉 부분으로 토지가 분할되는 모습을 나타낸다. 주변의 여덟 부분 땅은 여덟 가정에 각각 분배되고, 각 가정은 이 땅을 스스로 일궈 산출되는 것을 자유롭게 사용할 수 있다. 그리고 이 여덟 가구는 중앙의 땅에서 공동경작을 하게 되는데, 여기서 산출된 것은 정부에 세금으로 내게 된다. 이 정전제는 기원전 372~289년에 살았던 유교 철학자 맹자가 처음 언급한 제도로, 그에 따르면 이 정전제는 고대 주나라에서 실시되었던 토지분배제도였다. 전쟁이 난무하고 불평등이 극심하고 이익 추구를 위해 윤리를 저버리는 것이 일상이었던 전국戰國시대에 맹자는 이 정전제를 다시 실시할 것을 주장하며 평화와 평등을 회복하고자 했다. 정전제는 생산자인 농민이 일정 자산, 특히 토지를 항상 가지고 있도록 하는 것을 목적으로 한다. 맹자는 이 자산을 항산恒産이라 부르고, 정전제를 통해 백성이 일정량의 토지를 유지할 수 있어야 백성에게 정의를 쫓는 항심恒心이 생긴다고 주장했다. 그리고 항산이 없어 사람들의 도덕심이 무너지면 어진 정치도 불가능하다고 맹자는 주장한다. 맹자의 말을 직접 들어보자.

백성은 항산이 없으면 이 때문에 항심도 없어집니다. 정말로 안정된 마음이 없으면 방탕하고 편벽되고 사악하고 사치스러운 행위를 가리는 것 없이 다 합니다. 죄를 짓게 밀어 넣은 뒤에 그를 처벌하는 것은 백성을 그물질하는 것입니다. 어진 사람이 군주로 있으면서 어떻게 백성을 그물질하겠습니까! 그러므로 현명한 군주는 백성들의 생업을 마련해 주는데, 반드시 위로는 부모를 섬기기에 충분하게 하고 아래로는 처자를 먹여 살릴 만하게 하여, 풍년에는 언제나 배부르고 흉년에는 죽음을 면하게 합니다.(『맹자』,「양혜왕」상上 7장)

맹자에게 정전제는 백성들에게 안정된 생활을 보장해 주는 수단이기도 하지만, 가장 효율적인 조세제도이기도 하다. 맹자가 살았던 당시의 조세제도는 흉년이든 풍년이든 상관없이 일정한 평균치를 세액으로 정해 거두어들이는 데 비해, 정전제에서는 여덟 가구가 공동경작하는 중앙의 토지에서 산출되는 것만 세금으로 거둬들이기 때문에 풍년에는 세금이 늘어 국가 재정이 풍부해지고, 흉년에는 세금이 줄어 농가의 세 부담이 적어 농가에 어려움이 덜어줄 수 있다.

정전제#田制는 중세 시기 동아시아에서 왕조 교체 시기에 사회를 개혁하는 중요한 수단이었다. 기존의 부패한 왕조에서 농민 대부분이 부채에 눌려 딸과 부인이 노예로 팔리고 토지를 잃으면서 사회가 내부로부터 붕괴할 때, 민란 등을 통해 수립된 새로운 왕조가 정전제를 이상으로 삼아 토지개혁을 단행했다. 이를 통해 토지를 농민들에게 되돌려주고 부채를 탕감하여 노예로 팔렸던 딸과 아내를 집으로 돌려보내면서 사회의 질서를 다시 회복해왔다.[25] 예를 들어, 조선 건국의 주도 세력이었던 정도전과 조준 등 사대부 개혁파는 정전제를 가장 이상적인 토지제도로 보고 정전제를 구현하여 고대 요순시대의 이상을 복원하고자 했다. 정도전의 말을 들어보자. 아래 인용문에서 "옛날의 올바른 토지제도"란 정전제를 말한다.

옛날에는 토지가 관에 있었기 때문에 관에서 토지를 백성에게 나누어 주었다. 백성이 경작하는 토지는 모두가 관에서 나누어 준 것이다. 천하의 백성은 토지를 받지 않은 사람이 없었고, 경작하지 않는 사람이 없었다. 따라서 빈부와 강약이 그다지 큰 차이가 없었으며, 그 토지에서의 소출은 모두 공가公家에 들어가서 나라가 또한 부유하였다. (…) 전하[이성계]께서는 잠저潛邸에 계실 적에 그 폐단을 보시고 분개하여 사전私田을 혁파할 것을 자기의 소임으로 생각하였다. 그리하여 나라 안의 토지를 모두 몰수하여 공가에 귀속시켜서 백성의 인구를 헤아려 토지를 지급함으로써 옛날의 올바른 토지제도를 부흥시키려고 하였다.[26]

그리고 조선 말 부패한 사회를 개혁하기 위한 방책으로 정약용과 다수의 실학자 또한 정전제를 도입할 것을 주장했다. 이렇듯 동아시아에서는 극심한 양극화로 인해 민중이 고통 받는 상황에서 주요 생산수단이었던 토지를 재분배함으로써 새롭게 사회 질서를 회복하려는 전통이 있었다.

각 개인에게 항산을 유지하게 하는 정전제는 다음 네 가지 원칙을 준수한다.

① 우선, 정전은 개인 채무에 대해서는 변제의 대상이 되지 않는다. 정전제의 경우, 정전은 명목상 왕의 재물이므로, 정전을 분급받은 농민이 얼마의 채무를 졌든 상관없이 채권자는 그 정전을 대상으로 채권을 행사할 수 없다.

② 정전은 비생산적으로 소비해버리거나, 타인에게 팔거나 양도할 수 없다. 정전을 분급받은 농민은 그 토지를 경작하고 수확한 것을 소유할 수 있는 권리를 누리지만, 그 토지를 경작하지 않고 놀리거나 타인에게 팔거나 양도할 수 없다.

③ 정전제에서는 상속권이 인정되지 않는다. 상속권이 부의 양극화를 대물림해서 특정 계급이 자산을 독점할 수 있도록 허용하기 때문이다. 이런 독점이 생기면 다수의 농민이나 생산자가 항산 혹은 기본자산을 잃는 결과가 초래된다. 통일신라시대 정전제丁田制의 경우, 60세가 되면 국가에 반납하였다. 그러나 각 가정에 장정이 계속 새롭게 배출되면서 정전에 대한 농민의 권리는 계속 갱신될 수 있었다.

④ 정전은 생산활동을 할 수 있는 사람에게만 주어지

고 생산적으로만 활용된다. 정전제에는 경작득전耕作得田, 즉 농사를 짓는 사람에게만 토지를 배분한다는 원칙이 있다. 조선 후기에 정전제를 주장했던 정약용 선생의 주장을 살펴보면, 경작득전의 원칙은 대략 두 가지 때문에 수립된 것으로 보인다. 첫째는, 경작득전의 원칙을 무시하고, 농사를 짓지 않는 양반·사대부·상인·공인 등 모든 백성에게 일정한 토지를 분배하면 결국에는 토지 소유의 불평등이 생길 수밖에 없다는 것이다. 모든 백성에게 일정한 토지를 분배하는 제도를 균전제均田制라고 부르는데, 균전제에서는 경작하지 않는 사람이 땅을 소유하게 허용하기 때문에 경작자와 소유자가 일치하지 않는 경우가 다반사라 다른 사람의 명의로 땅을 소유하는 것을 국가가 알아내기도 어렵고 규제하기도 어렵다. 따라서 균전제에서는 명목적으로는 모든 사람이 균등한 토지를 소유한 것처럼 보일 수 있지만, 실제로는 몇몇이 다른 사람의 명의로 얼마든지 땅을 소유할 수 있어서 토지소유가 불평등해질 수 있다는 것이다. 경작득전의 원칙을 고수하는 두번째 이유는 농업생산력이 증진되어야 사회적 약자들이 먹을 것을 얻게 된다는 것이다. 정약용의 말을 그대로 들어보자.

적당한 사람을 얻어서 전지를 맡겨 그가 힘을 다해서 농사하면 곡식 소출이 많아질 것이다. 곡식 소출이 많아지면 백성이 먹을 것이 많아지고, 백성이 먹을 것이 풍족해지면 피폐한 자, 병자, 쇠약한 자, 어린이, 수공업자, 상인 등도 모두 그중에서 먹을 것을 얻게 된다.

반면, 경작하지 않는 사람에게도 균등하게 토지를 배분하는 균전제는 토지가 생산적으로 활용되는 것을 보장할 수 없으므로 농업생산력 증진에 도움이 되지 않을 수 있다고 정약용은 주장한다.

뒤에서 살펴보겠지만, 필자의 기본자산제는 경작득전의 원칙을 받아들이려고 노력했다. 20세에서 64세 사이의 사람들 중에 경제활동이 가능한 사람들만 기본자산을 받을 수 있도록 하고 생산적으로 활용할 의무를 진다. 즉, 하나의 생산자협동조합을 고르거나 만들어 이 협동조합에 기본자산을 투자하여 조합원이 되는 조건이다. 만약 이것이 불가능하거나 효율적이지 않은 상황에서는 국책은행에 정기예금하도록 하고, 국책은행은 이 기본자산을 다른 생산자협동조합에 투자하여 이 협동조합이 기본자산을 생산적으로 활용할 수 있도록 설계했다. 물론 이 경우 기본자산을 배분받은 사람이 직접 생산적으로 활용하는 것이 아니라서 경작득전의 원칙이 깨진다. 그러나 이 사람이 국책은행에 정기예금해서 받는 수익을 국채 이자 수준 정도로 많지 않게 해서 경작득전의 원칙이 크게 손상되지 않도록 했다.

3장

현대의 기본자산제를
찾아서

지금까지는 과거의 기본자산제를 살펴보았다. 이것을
어떻게 현대화할 수 있을까? 현대의 산업사회는 과거의
농경사회와는 매우 다르다. 우선, 자산이 토지에 국한되
지 않고 대규모 설비·기계·원료 그리고 정보까지도 자
산이 될 수 있다. 그리고 산업사회에서는 대규모의 인원
과 자원이 투입되는 대규모의 협력사업이 과거보다 훨
씬 빈번하다. 이렇게 현대의 사회환경에 맞는 기본자산
제를 설계하기 위해서는 고려할 것이 많으므로, 일단은
기본자산제와 유사한 현대의 이론들을 비판적으로 살펴
보고 배울 점을 찾아볼 필요가 있다.

애커먼과 알스톳의
사회적 지분제도

가장 대표적인 이론은 2006년 미국 학자 브루스 애커만Bruce Ackerman과 앤 알스톳Anne Alstott이 제안한 '사회적 지분제도'다. 여기서 '사회적 지분'이란 모든 사회구성원에게는 태어날 때부터 사회의 총자산에 대해 일정한 지분이 있다는 개념이다. 애커먼과 알스톳은 자신들을 자유주의자라고 부른다. 이들은 이 '사회적 지분'이라는 개념이야말로 20세기 자유주의가 이룩한 위대한 성과라고 자부한다. 근대 초 자유주의자들은 '형식적' 자유만을 주장했다. 형식적이라는 말이 뜻하는 것은, 근대 초 자유주의자들에게는 모든 시민이 실질적으로 자유를 누릴 수 있도록 '최소한의 자원'이 공평하게 제공되어야 한다는 생각이 없었다는 뜻이다. 그러나 현대에 들어 자유주의자들은 이러한 형식적 자유를 극복하고 '실질적 자유'를 실현할 '최소한의 사회적 지분'을 모든 시민이 성인이 되는 시점에서 받아야 한다고 생각하기 시작했다는 것이다.[27]

애커먼과 알스톳은 이 사회적 지분을 한 개인이 성인이 되는 시점인 21세부터 4년에 걸쳐 매년 2만 달러씩 총 8만 달러를 지급할 것을 제안한다. 한국 돈으로 2020

년 6월 기준으로 약 9600만 원 정도가 되는 액수다. 미국 대학의 4년간 등록금과 생활비에 해당한다. 이 지분의 사용은 각 개인의 자유에 맡겨져야 한다고 애커먼과 알스톳은 주장한다. 학비와 생활비로 사용하거나, 창업 밑천으로 사용하거나, 연금으로 전환하여 노년이 될 때까지 매달 얼마씩을 받거나 할 수 있고, 빚을 갚는 데 사용할 수도 있다. 심지어 라스베이거스에서 도박으로 돈을 날릴 수도 있는 자유까지도 주어야 한다고 주장한다. 미국식 자유주의자들다운 주장이다.

재원은 23만 달러(약 2억7800만 원)를 초과하는 자산을 가진 개인에 대해 2%의 자산세를 부과하여 마련한다. 이 부를 소유한 미국인의 비율이 20% 정도이기 때문에, 미국인의 80%는 이 이 세금을 내지 않아도 된다. 이 자산세도 처음 50년 이후에는 걷지 않고, 그 이후는 사회적 지분을 받은 사람들이 죽을 때 이자와 함께 사회적 지분을 상환하고 이 상환된 돈으로 다시 성인기에 들어선 청년들에게 사회적 지분을 지급한다.

정의당의 청년기초자산과

보건복지부의 청년저축계좌

우리나라에서도 정의당이 2020

년 총선 1호 공약으로 만 20세가 되는 모든 청년에게 국가가 3000만 원을 지급하는 '청년기초자산제'를 제안했다. 3년에 걸쳐 1000만 원씩 찾을 수 있도록 하고, 찾은 돈은 자유롭게 어디든 사용할 수 있다. 소요될 예산은 시행 첫 해 약 18조 원 정도가 필요한데, 상속증여세와 종합부동산세 인상분으로 주로 충당하고 추후에 부유세를 신설하여 재원을 마련하겠다고 했다. 그런데 유감스러운 것은 청년기초자산이 등록금·기술훈련비·창업자금 등으로 사용될 수 있기 때문에 이와 관련된 기존의 청년 지원사업인 청년수당, 창업지원, 장학금 지원이나 학자금 융자, 청년 두 배 통장 등은 폐지되거나 축소되도록 제안한다는 점이다.

우리나라 보건복지부는 정의당의 제안과 유사한 제도를 이미 실행하고 있다. 올해 시행을 시작한 '청년저축계좌'가 그것이다. 총지원 액수는 개인당 1080만 원으로 2008년 정의당이 초기에 제안했던 액수와 비슷하다. 1080만 원은 한 번에 직접 주는 게 아니라 3년에 걸쳐 매월 계좌에 적립되는 식으로 지급된다. 청년저축계좌 납입자가 매월 10만 원을 내면 30만 원을 정부가 추가로 적립해주는 식이다. 3년 후이 지나면 본인의 3년간 저축액 360만 원에 정부 지원금 1080원을 더해 총 1440만 원이 마련되는 셈이다.

정의당의 제안과는 몇 가지 차이점이 있다. 우선, 20세가 되는 청년에게만 지급되는 것이 아니라 만 15세에서 39세 이하의 청년에게 지급되고, 이 중에 중위소득 50% 이하의 청년에게만 지급된다. 또 일하는 조건으로 지급된다. 그래서 지급받으려면 이 계좌를 신청하기 3개월 전에 아주 소액이라도 근로소득이나 사업소득이 있어야 하고, 지급받는 3년 동안도 근로활동을 지속해야 하며, 가입 이후에 국가공인자격증 1개 이상을 취득할 것을 의무화한다.

줄리앙 르 그랑의
보편적 자본급여

애커먼과 알스톳, 그리고 정의당과 보건복지부의 제안과 거의 유사하지만, 재원 마련 방법에서 차이가 나는 것이 줄리앙 르 그랑Julian Le Grnad의 제안이다. 그는 이 제안을 보편적 자본급여universal capital grant라 이름 짓는다.[28] 그랑의 보편적 자본급여는 애커먼과 알스톳의 사회적 지분제와 다음 세 가지 점에서 차이가 나고, 나머지는 거의 같다.

첫째, 그랑의 급여액은 매우 작다. 1만 파운드를 제안하는데, 우리나라 돈으로 약 1500만 원이 약간 넘는 액수다. 애커먼과 알스톳의 사회적 지분처럼, 성인기에 접어드는 모든 청년에게 지급된다.

둘째, 그랑은 받은 급여를 도박 등으로 소비하는 것은 막아야 한다고 제안한다. 이를 위해, 급여는 특정 목적의 은행 계좌에 지급되고, 이 계좌에서 돈을 찾으려면 각 개인은 지출계획을 제출해 승인을 받아야 한다. 돈을 대학 교육을 위한 학비 또는 생활비로 쓰거나, 직업훈련 비용으로 쓰거나, 집이나 아파트 구매 비용으로 사용하거나, 사업착수금으로 쓰는 조건 등이어야 승인받을 수 있다.

셋째, 재원 마련을 위해 상속세를 개혁할 것을 제안한다. 이 상속세 개혁안은 존 스튜어트 밀이 19세기에 이미 제안했던 것인데, 그랑은 이 개혁안을 보편적 자본급여와 멋지게 연계시킨다. 현재의 상속세는 상속하는 사람의 상속재산 총액을 기준으로 매기게 된다. 우리나라의 사례를 들어보면, 사망하는 사람의 과세표준 상속재산액이 30억 원을 초과하면 그 금액의 50%를 상속세로 내게 되어 있다. 물론 다양한 방식으로 상속세를 면제받을 수 있어서 실제 상속세율은 50%에 이르지 않고 평균 12%를 약간 넘을 뿐이다. 이렇게 사망하는 사람의 재산 총액을 기준으로 상속세를 매기는 현재의 상속세 제도를, 상속자가 상속받는 금액 기준으로 세금을 매기는 방식으로 개혁하자는 것이 그랑의 주장이다. 모든 국민에게 평생 일정 액수까지는 세금을 내지 않고 상속 혹은 증여를 받을 권리를 준다. 그 이상의 금액을 상속 혹은 증여를 받을 경우는 누진적으로 높은 세금을 내게 한다. 그랑은 이 세금을 '평생 수령 자본 세금lifetime capital receipts tax' 이라고 불렀다.

예를 들어, 평생 상속세 혹은 증여세 없이 부모 혹은 타인으로부터 상속 혹은 증여를 받을 수 있는 금액이 1억 원이라고 가정해보자. 1000억 원의 자산가가 자식에게 1억 원 이상 증여 혹은 상속을 한다고 하자. 그러면 그 돈을 받는 자식은 1억 원이 넘는 액수에 대해 누진적으로 높은 세금을 내야 한다. 자식에게 많은 금액을 증여 혹은 상속할수록 자식이 내야 할 세금이 많아지므로, 그 자산가에게는 자식이 아니라 다른 사람들에게 1억 원씩까지 증여 혹은 상속할 유인이 생긴다. 그에게 증여 혹은 상속받는 다른 사람들은 1억 원까지는 세금을 내지 않아도 되기 때문이다. 19세기 존 스튜어트 밀은 이 상속세 개혁안이 부의 불평등을 해소할 수 있는 가장 공정한 방법의 하나라고 믿었다. 그랑도 이 상속세 개혁안이 세대 간에 부의 불평등이 상속되지 않도록 할 뿐만 아니라, 보편적 자본급여의 재원 마련에도 도움이 될 거라고 주장한다. 자기 자식에게 가능한 한 많이 상속 혹은 증여하려는 경향이 자산가에게 여전히 남아 있으므로 여기에 누진적으로 세금을 매기면 재원 마련이 가능하다는 것이다.

피케티의
보편적 자본급여

최근 피케티는 그의 새 책『자본과 이데올로기』에서 불평등을 해소할 한 방법으로 '보편적 자본급여'를 주장했다.[29] 그가 주장한 내용은 앞서 설명한 애커먼, 알스톳, 그리고 그랑의 성과를 모두 합쳐 진전시킨 것이라고 할 수 있다.

우선, 지급하는 자본급여의 금액이 애커먼과 알스톳이 제시하는 것보다 많다. 피케티는 성인의 평균 자산의 60%에 해당하는 금액을 25세가 되는 청년에게 지급하자고 제안한다. 미국·서유럽·일본 등 부유한 국가에서 성인 평균 자산의 60%는 약 12만 유로, 우리나라 돈으로 약 1억 6000만 원이다. 글로벌 투자은행 크레딧스위스가 2019년 발표한 「2019 세계 부富 보고서」에 따르면 우리나라 성인 한 명당 평균 자산은 약 1억 9000만 원이다. 따라서 우리나라의 경우 성인 평균 자산의 60%는 1억 1000만 원이 조금 넘게 된다.

둘째, 받은 급여를 대학교육비·창업비·직업훈련비·주택마련 등에 사용하도록 권유받지만, 도박으로 탕진할 위험이 있더라도 개인의 재량권에 맡긴다. 이것은 애커먼과 알스톳의 주장과 같다.

셋째, 재원 마련 방식은 자산세와 상속세를 함께 이용한다. 애커먼과 알스톳의 자산세와 그랑의 상속세를 합친 셈이다. 그리고 상속세도 앞서 설명한 그랑의 상속세 개혁 방안을 이용한다.

여기까지는 앞선 애커먼과 알스톳, 그리고 그랑의 방안과 큰 차이는 없다. 그러나 액수의 차이는 상당하다. 이 액수의 차이 때문에, 재원 마련 방법에서 큰 차이점이 생긴다. 특히, 재산세와 상속세에 큰 누진율을 적용한다는 점에서 그렇다. 애커먼과 알스톳은 23만 달러를 초과하는 부에 대해 2%의 자산세를 '고정적으로' 부과하는 반면, 피케티는 부의 규모에 따라 '누진적으로' 자산세를 부과하자고 제안한다. 아래 표는 피케티가 적용하자고 제안하는 누진율이 얼마나 큰지 보여준다. 자산 규모가 클수록 세금의 비율이 확연히 커져 최고 부유층에 대한 누진율이 90%에 이른다. 그리고 이 자산세가 1회에 그

〈피케티의 연간 자산세와 상속세 규모〉

부의 규모	연간 자산세	상속세
평균 자산의 0.5배	0.1%	5%
2배	1%	20%
5배	2%	50%
10배	5%	60%
100배	10%	70%
1000배	60%	80%
10,000배	90%	90%

치지 않고 매년 내야 해서 자산 불균형을 해결하는 데 획기적이라고 할 수 있다.

우선 연간 자산세를 보자. 여기서 자산은 토지와 건물뿐 아니라 현금·예금·채권·주식 등 모든 형태의 금융자산을 포함한다. 앞서 언급한 대로, 이 자산세를 1회만 내는 것이 아니라 매년 내게 된다. 우리나라에 적용하는 경우를 가정해서 설명해보자. 우리나라 성인 한 명당 평균자산이 약 1억9000만 원이니, 이 평균 자산의 2배인 3억8000만 원의 자산이 있는 사람은 연간 1%인 380만 원의 세금만 내면 된다. 반면, 평균 자산의 100배인 190억원의 자산이 있는 사람은 연간 10%인 19억 원을 자산세로 내야 한다. 그리고 평균 자산의 1000배인 1900억 원의 자산이 있는 사람은 연간 60%인 1140억 원을 세금으로 내야 해서 수중에 남는 자산은 760억 원으로 크게 준다. 그리고 평균 자산의 1만 배인 1조9000억 원의 자산이 있는 사람은 연간 90%인 1조7100억 원을 내야 해서 수중에 남는 자산은 1900억 원에 불과하게 되고, 이 남은 1900억 원도 다음 해에 60%의 자산세 대상이 되므로, 다음 해에 자산세를 내고 나면 다음 해에 수중에 남는 자산은 760억 원으로 다시 줄어들게 된다. 피케티는 이런 연간 자산세로 거둬들이는 예산 수입이 연간 국민총소득의 4%에 이를 것으로 추산한다. 한국은행이 2020년 3월에 발표한 2019년 국민총소득이 1931.6조 원이었는데, 이것의 4%인 약 77조 원을 누진적 자산세로 걷어 보편적 자본급여의 재원으로 삼겠다는 계획인 셈이다.

다음으로 상속세를 보자. 피케티의 상속세는 그랑의 상속세 개혁방안을 따른다. 상속하는 사람의 상속재산액에 세금을 매기는 것이 아니고, 상속자의 상속받는 금액에 세금을 매기며, 상속받은 금액뿐 아니라 평생 증여받는 금액도 포함해 누진적으로 세금을 매기게 된다. 이것도 우리나라에 적용할 경우를 가정하고 설명해보자. 우리나라 성인 한 명당 평균 자산인 약 1억9000만 원의 2배인 3억8000만 원을 상속 혹은 증여받았다면, 이 받은 금액의 20%인 7600만 원을 세금으로 내야 한다. 반면, 평균 자산의 100배인 190억 원을 상속 혹은 증여받았다면 이 금액의 70%인 133억 원을 세금으로 내야 한다. 그리고 평균 자산의 1000배인 1900억 원을 상속 혹은 증여받았다면 이 금액의 80%인 1520억 원을 세금으로 내야 해서 실제로 받는 건 380억 원이 된다. 그리고 평균 자산의 1만 배인 1조9000억 원을 상속 혹은 증여받았다면 이 금액의 90%인 1조7100억 원을 세금으로 내야 해서 1900억 원만을 받게 된다. 피케티는 이런 상속·증여세로 거둬들이는 예산 수입이 연간 국민총소득의 1%에 이를 것으로 추산한다. 2019년 우리나라 국민총소득 1931.6조 원의 1%는 약 19조 원이다. 이 금액과 앞선 누진적 자산세 77조 원을 합친 96조 원이 전체 보편적 자본급여의 재원이 되는 셈이다.

'연간 누진적 자산세'는 피케티만의 참신한 아이디어이다. 한 개인이 소유한 모든 형태의 자산, 즉 토지·건물·주식·채권·예금 등을 모두 합쳐 누진적으로 고율의 세금을 매기기 때문에, 자산 불평등의 문제를 신속하게 해결할 수 있다. 피케티 식으로 모든 형태의 자산을 합쳐 그 총합에 세금을 매기는 선진국은 아직 없다. 미국이나 프랑스 등의 자산세는 주로 부동산과 관련한 것이며, 여기서 거둬들이는 세금은 국민소득의 1% 정도이다. 피케티는 위의 방법을 이용해 이 1%를 4%까지 늘리자고 제안하고 있다. 우리나라도 2018년의 경우 정부가 거둬들인 종합부동산세가 1조8700억 원으로 정부 세금 수입의 0.69%에 불과하고 총국민소득의 0.09%에 그치고 있다. 피케티의 연간 누진적 자산세를 적용하면, 이 자산세 규모가 총국민소득의 4%인 약 77조 원으로 늘어나게 된다.

4장

새로운
기본자산제

애커먼과 알스톳의 사회적 지분, 정의당의 청년기초
자산, 그랑과 피케티의 보편적 자본급여 이외에도 여러
학자가 유사한 제안을 내놓고 있지만, 큰 차이점이 없으
므로 굳이 소개할 필요는 없을 것 같다.

현대의 기본자산제를 좀 더 잘 이해하는 데는 오히려
고대의 기본자산제와 비교하는 것이 도움이 될 듯하다.

비교 검토:
고대의 기본자산제와 현대의 기본자산제

첫번째 차이점은, 현대의 기본자
산제는 기본자산을 화폐 형태로 지급한다는 점이다. 현

항목	고대의 기본자산제	현대의 기본자산제
지급형태	토지	화폐
재원마련 방법	공동체 소유의 토지를 개인에게 분급	세금
수급 사격	모든 농가	특정 나이의 청년에게만
채권자 압류 가능 여부	불가능	가능
생산적 활용 의무	있음	없음

대에는 주요 자산이 과거 농경사회와는 달리 토지에 국한되지 않기 때문에 타당한 대안으로 보인다.

두번째 차이점은, 현대의 기본자산론자들은 세금을 이용해 자산 재분배를 시도한다는 점이다. 반면 고대의 기본자산제에서는 세금은 어디까지나 공동체 유지비용과 사회복지에만 쓰인다. 고대의 기본자산제에서 주요 생산수단인 토지는, 공동체의 소유이되 이것을 가장 잘 이용할 개인들에게 나눠주고 이용하지 못하면 다시 거둬들이는 방식을 취한다. 이렇게 기본자산제로 생산자들이 스스로 독립할 수 있도록 돕지만, 생산능력이 없는 노인·과부·고아 등 취약계층에 대해서는 충분한 사회복지를 해야 한다. 세금은 이런 사회복지 비용을 충당하거나 방위 등 공동체 비용을 대는 데 사용된다.

그러나 현대에 들어서는 주요한 생산수단을 더는 공동체가 공동소유하고 있지 않기 때문에 정부가 개인들에게 자산을 분급해줄 수 없다. 그래서 자산을 재분배할 방법으로 세금을 이용하는 것이다. 현 상황에서는 불가피하지만, 고대의 지혜를 교훈 삼아 가능한 세금을 덜 이용하는 것이 더 좋은 방안이라고 생각한다. 좋은 세금제도는 내는 사람 입장에서는 부담이 적지만 정부의 곳간은 넉넉하게 채울 수 있어야 한다.

세번째 차이점은, 현대의 기본자산제는 특정 나이에 들어서는 청년층에게만 기본자산을 지급한다는 점이다. 애커먼과 알스톳은 21세 청년에게만, 정의당의 청년기초자산은 20세의 청년에게만, 피케티는 25세의 청년에게만 지급할 것을 주장한다. 반면, 고대의 기본자산제는 생산능력이 있는 모든 가족에게 기본자산을 지급한다. 어마어마한 차이점이다.

이 점에서 현대의 기본자산제는 비판을 많이 받아왔다. 특정 나이를 갓 지난 사람들은 기본자산을 받지 못하는 사태가 벌어져서 불공정하다는 비판이 많이 제기된 것이다. 필자의 기본자산제는 고대의 지혜를 교훈 삼아 생산능력이 있는 모든 개인에게 기본자산제를 지급할 수 있도록 설계했다.

네번째 차이점은, 고대의 기본자산제는 기본자산이 채권자에게 약탈당하는 것을 금지하는 강한 조치가 있었던 반면에 현대의 기본자산제에는 이런 조치가 없다. 오히려 애커먼과 알스톳은 빚을 갚는 것이 책임 있는 성인의 자세이고 따라서 받은 지분을 빚을 갚는 데 쓸 수 있도록 하자고 제안한다. 이것은 현대 기본사산세의 치명적 약점이라고 할 수 있다. 채무를 상환하기 위해 자신의 기본자산인 토지뿐 아니라 아내 혹은 딸을 채무 노예로 채권자에게 파는 일이 역사 속에서 빈번했기 때문이다. 즉 빚이 사회구성원 간의 평등을 파괴해왔으므로, 이 빚 때문에 기본자산이 채권자에게 약탈당하는 것은 방지해야 한다. 필자는 새롭게 기본자산제를 설계할 때 채권-채무의 문제를 중요하게 고려했다.

다섯번째 차이점은, 생산적 활용 의무 부과 여부다. 고대의 기본자산제에서는 기본자산인 토지를 실제 경작할 수 있는 가정에만 지급했다. 그래서 정전제에서는 경작득전耕作得田, 즉 농사를 짓는 사람에게만 토지를 배분한다는 원칙이 있었다. 땅을 배분받은 가정은 이 토지를 반드시 실제로 경작해야 한다. 플라톤의 기본자산제에서도 추첨받은 클레로스를 경작하지 않고 놀리면 다른 공동체 성원들로부터 도덕적인 비난을 받아야 했다. 반면, 앞서 소개한 현대의 기본자산에는 생산적 활용 의무 조항이 없다. 그랑은 지급받은 돈에 대한 사용처를 대학학

개마고원의
책들

도서출판 **개마고원**은
의미 있는 소수의견에 주목하는 출판,
사회 이슈를 최대한 대중의 언어로 전달하는 출판,
'지금 여기'에 뿌리를 둔 현장 사회과학 출판을 지향한다.

아주 낯선 상식

김욱 지음 | 336쪽

이 책은 '지역'이라는 아주 익숙한 코드로, 한국 정치를 아주 낯설게 보여준다. 편견의 눈을 버리고 바라보면, 그 '낯섦'은 우리에게 신선한 충격으로 다가온다. 어째서 영남패권주의라는 개념 없이는 한국 정치를 제대로 이해할 수 없는지, 지역모순에 대한 인식 없이 개혁을 추구하는 정치세력은 왜 실패할 수밖에 없는지를 일깨워주기 때문이다. 저자는 지역문제를 둘러싼 현실을 있는 그대로 관찰·분석하면서, 한국 정치의 심연을 보여준다.

우충좌돌

김진석 지음 | 352쪽

새는 좌우의 날개로만 나는 것이 아니다. 중도의 몸통이 없다면, 어찌 좌우의 날갯짓이 가능하겠는가. 저자는 우리 사회를 가르는 보수의 '우'와 진보의 '좌' 모두에 우충좌돌 부딪히며, 현실성 있는 중도의 가치를 새롭게 발견해낸다. 복지, 등록금, 신자유주의, 비정규직 등 보수와 진보의 첨예한 대립 전선에서 '적당한 중간'이 아닌 '치열한 균형'으로서의 중도를 제시하고 있는 것이다.

기본소득이 세상을 바꾼다

오준호 지음 | 232쪽

오늘날 뜨거운 감자인 기본소득에 대한 대중적 기초 교양서. 지금 기본소득은 인공지능의 충격, 일자리 소멸, 마이너스 성장, 복지국가의 실패 등 현대 사회가 부딪힌 막다른 골목을 벗어나게 해줄 유일한 아이디어로 주목받으며, 세계 곳곳에서 바람을 불러일으키고 있다. 이 책은 기본소득이 왜 불가피하며, 어째서 정당한지를 설득력 있게 호소한다.

소통의 무기

강준만 지음 | 800쪽

일찍이 한국을 '대중매체 사회'로 정의하고 사회 전반의 소통 문제에 천착해온 강준만. 그는 이 책에서 '왜'라는 의문사로 시작하는 95개의 질문들을 통해 다양한 커뮤니케이션 이론을 망라해 보여준다. 저자는 이 책이 '소통 대한민국'을 만드는 '소통의 무기'를 제공하기를 희망한다. 해당 주제당 읽어볼 만한 관련 논문들을 꼼꼼히 수록해뒀다.

마강래 교수의 지방문제 3부작

베이비부머가 떠나야 모두가 산다

마강래 지음 | 252쪽

고령화, 저출산, 지방소멸, 세대갈등… 우리 앞에 닥친 숱한 문제를 베이비부머의 귀향으로 풀자. 이 책은 은퇴 뒤 대도시에 남아 있기 십상인 베이비부머들을 대거 귀향(귀촌) 인구로 흡수해야 한다고 역설한다. 베이비부머의 귀향이야말로 대도시의 인구 과밀을 완화함으로써 '지방살리기'에 기여할 뿐만 아니라, 일자리의 공간 분리를 이룸으로써 청년의 미래를 여는 데도 필수적인 정책이라는 것!

지방분권이 지방을 망친다

마강래 지음 | 248쪽

선후가 뒤바뀐 지방분권에 대한 경고. 시대적 대세로 굳어지고 있는 지방분권이 오히려 지방을 해칠 수 있는 위험한 정책이라면? 지방을 살리고, 균형발전을 이룰 진짜 방법은 무엇이어야 하는가. 균형발전은커녕 지역 간 격차 심화로 파산하는 지자체가 나오기 전에, "귀향의 발을 공간단위를 먼저 조정한 후 분권이 진행되어야 한다"는 주장이다.

지방도시 살생부

마강래 지음 | 248쪽

지방도시 문제에 대한 새로운 접근 방식을 제시한 화제작. 인구 유출과 일자리 축소로 점점 쇠락해가는 지방 중소도시를 모두 살리려다가는 우리 모두 공멸의 늪에 빠질 것이다! 답은 전국토 단위로나, 각 중소도시 단위에서나 '분산과 팽창'이 아니라 '집중과 압축'에 있다. 저자는 흩어져 있는 인구를 모으고 공공시설과 서비스를 집중하는 '압축도시'를 새로운 지방도시 재생모델로 제시한다.

역사의 시작은 현재다 (역사를 보는 눈)

이병철 지음 | 288쪽 | 2017년 세종도서 우수교양도서

'역사란 무엇이 아닌가?'라는 질문부터 시작하여 역사에서 과거·현새·미래는 각각 이떤 의미를 가지는가? 역사의 범위는 어디까지인가? 역사에서 시대구분은 왜 필요하며 어떤 기준으로 나누는가? 기록으로서의 역사와 기억으로서의 역사는 어떤 차이가 있고 어떤 역할을 하는가? 등에 대해 대답함으로써 역사의 개념을 정립할 수 있게 해준다.

정의는 불온하다 (정의를 보는 눈)

김비환 지음 | 272쪽

정의의 주요 원칙들을 돌아보고 오늘날 한국 사회에 적합한 '정의'를 찾는다. 이 책은 응분의 원칙, 상호주의, 평등주의, 공리주의 등 고대로부터 현대까지 정의에 관한 이론과 개념을 두루 살피며 그것들을 구체적 현실에 적용해본다. 그럼으로써 성장의 논리가 정의로 행세하고 있는 한국 사회에서 무엇이 진짜 정의인지를 묻고 있다.

웰컴 투 사이언스 월드 (과학을 보는 눈)

박재용 지음 | 248쪽

이 책은 과학 입문자에게 필요한 요목을 두루 챙기면서, 과학은 언제나 옳은 절대적 지식이 아니며 답을 찾아가는 합리적·논리적 과정이 과학의 본질임을 알려준다. 과학의 내용은 언제든 뒤집어질 수 있지만, 그러면서 우리는 점점 나은 답을 얻게 된다. 그렇기에 과학은 진리를 향한 영원한 여정인 것이다.

경제를 아십니까 (경제를 보는 눈)

홍은주 지음 | 288쪽

경제가 중요하다는 것은 누구나 알지만, 우리 사회에서 벌어지고 있는 복잡하고 다양한 경제현상을 어떻게 이해할지에 대해서는 많은 이들이 막막해한다. 미로와 같은 경제 현실을 헤쳐 나가게 해주는 나침반이자 이정표로서 역대 경제학의 통찰을 따라가며 안내한다. 그로써 우리의 일상에서 이뤄지는 사소한 행위들의 이면에 있는 경제원리를 밝혀 보다 합리적인 선택을 할 수 있게 인도한다.

노동을 보는 눈 강수돌 지음 | 236쪽 | 14,000원

평화를 보는 눈 정주진 지음 | 248쪽 | 14,000원

비·직업훈련비·주거비·사업착수금 등으로 어느 정도 제한하고 있지만, 대학학비·직업훈련비·주거비 등은 이 지출 자체로 수익을 낼 수는 없으므로 생산적 활용이라고 볼 수 없다. 피케티도 생산적 활용 의무 조항을 별도로 두지 않고 있다. 더구나 애커먼과 알스톳은 도박에 탕진할 자유조차도 줘야 한다고 주장하고 있다.

필자는 기본자산제에 생산적 활용 의무를 부과한 고대의 기본자산제에서 큰 배울 점이 있다고 생각한다. 그리고 고대의 기본자산제는 언제나 사회보장제도와 한 짝이었고, 이 둘의 목적이 달랐다. 기본자산제는 생산자의 자율성을 보장해줄 뿐만 아니라, 사회적으로는 생산성을 높여야 한다. 생산성이 높아져야 사회보장제도도 잘 운용될 수 있다. 즉 기본자산제는 정의롭고 효율적인 경제체제를 이루도록 해야 한다. 따라서 기본자산은 생산자에게 주어짐으로써 생산자의 자율성을 높이면서도 생산적 활용의 의무를 부과해 경제체제의 효율성을 높여야 한다. 그렇게 공정하고 효율적인 경제체제를 이룬 토대 위에 사회보장제도가 놓여야 한다.

이런 몇 가지 비교를 통해 미루어 알 수 있듯이, 현대의 기본자산제에는 치명적 약점이 있다. 그래서 15여 년 전 기본소득제와의 논쟁에서 이 비판에 직면해야 했고,

기본소득제와의 논쟁에서 판정패한 것으로 보인다.

이 치명적 약점이란 기본자산제의 취지를 살리기 어렵게 설계되었다는 점이다. 우선, 기본자산을 잃기 쉽다. 애커먼과 알스톳의 사회적 지분 제도에서는 도박으로 탕진할 자유까지 허용하므로, 하룻밤 사이에 8만 달러(9600만 원)라는 큰 돈을 카지노에서 날릴 수도 있다. 그리고 학자금 융자나 신용카드 빚 등이 있다면, 혹은 부모에게 빚이 있다면, 이 청년은 빚을 갚는 데 기본자산을 써야 해서 기본자산이 잠깐 이 청년의 예금통장을 스쳐 지나갈 뿐이다. 애커먼과 알스톳은 사회적 지분이 개인의 실질적 자유를 실현하기 위한 경제적 수단이 될 것이라고 말했다. 하지만 이 경제적 수단을 도박 등으로 한꺼번에 날리거나 채권자가 채무변제를 요구해 가져가버린다면 실질적 자유란 일장춘몽에 불과해진다.

그리고 21세의 청년이 이 돈을 도박이 아니라 창업자금으로 사용했다고 해도 창업이 성공할 확률은 매우 낮다. 우리나라의 경우, 자영업자 10명 중에서 3명은 1년 이내에, 그리고 10명 중에서 7명은 창업 후 5년 이내에 실패해 문을 닫는다. 다른 선진국도 사정이 다르지 않다. 예를 들어, 미국 소자영업 관리국The United States Government's Small Business Administration에 따르면, 50%의 소자영업자들이 창업 5년 안에, 그리고 3분의 2가 창업 10년 안에 파산한다고 한다.[30] 더구나 21세 혹은 25세의 청년은 사업 경험이 전혀 없어 실패율이 더 높다. 그리고 이 청년들 간에도 실패율에서 차이가 날 수 있다. 대체로 가난한 가정환경에서 자란 청년일수록 자산을 경제적으로 활용할 능력이 중산층 혹은 부유층 가정환경에서 자란 청년에 비해 현저히 떨어진다.

설혹 창업을 유지하더라도 자영업자의 소득이 낮다. 우리나라의 경우 자영업자 1인당 월평균 수입이 200만 원도 안 된다. 사업 경험이 전혀 없는 20대 청년의 수입은 더 낮을 수 있다. 더구나, 대다수 자영업자는 사업을 유지하기 위해 여러 신용기관으로부터 빚을 지고 매달 이자와 원금을 갚느라 안간힘을 쓸 수밖에 없고, 프랜차이즈와 하청계약 등의 계약 관계에 종속된 경우가 많다. 이런 상황에서 기본자산이 얼마나 개인의 실질적 자율성을 높일 수 있을지 의심스럽다.

창업이나 도박에 기본자산을 사용하지 않는다면 남는 사용처는 학비나 생활비, 혹은 주거비 정도이다. 그런데 이를 위해서는 굳이 기본자산제가 필요하지 않다. 사회복지를 확대하면 해결할 수 있기 때문이다. 사회복지 정책을 통해, 가정환경이 넉넉하지 않은 청년을 대상으로 대학 등록금과 생활비를 지원해줄 수 있고, 장기임대주택에 거주토록 도울 수 있다.

새로운 기본자산제의
요건들

그렇다면 새로운 기본자산제는 어떤 모습이어야 할까? 먼저 필자가 구상한 기본자산제의 기본 구조를 제시해본다.

① 기본자산은 두 가지 형태를 취하고 각각 1억 원 정도로 설정한다. 이 금액은 향후 경제 규모가 변화하거나 혹은 기본자산제의 정책을 보완하면서 재조정하도록 한다. 제1기본자산 1억 원은 사회적 상속을 통해 부모나 타인으로부터 받게 되고, 상속이나 증여를 못 받은 사람에게는 국가가 지급한다. 이 중 5000만 원까지는 주택 구입이나 전월세 임대보증금으로 사용할 수 있다. 이 기본자산 1억 원 중에 주택구입이나 전월세 임대보증금으로 사용한 것을 제외한 나머지 모두를 하나의 생산자 협동조합에 투자하여 그 구성원이 되는 데 사용하거나, 부득이 이렇게 못할 상황에 처한 경우는 국책은행의 기본자산계좌에 정기예금한다. 이외에는 그 어떤 방식으로도 소비 혹은 투자할 수 없고 다른 사람에게 양도할 수 없

다. 제2기본자산은 추가로 부모로부터 받은 자산이거나 혹은 개인이 정당하게 번 자산으로, 주택 형태 혹은 전월세 임대보증금으로 소유할 수 있다. 주택이나 전월세 임대보증금으로 소유하지 않는 경우 국책은행의 기본자산 계좌에 정기예금할 수 있다.

② (ㄱ) 주택이나 전월세 임대보증금으로 소유하고 있는 재산 중에 1억 원까지는, 그 사람이 아무리 많이 빚을 졌든 상관없이 그 어떤 채권자도 채권을 행사할 수 없도록 국가가 보호해준다. (ㄴ) 마찬가지로, 국책은행의 기본자산계좌에 정기예금한 것 중에 2억 원까지는 채권자가 채권 행사를 할 수 없도록 국가가 보호해준다. 단, (ㄱ)과 (ㄴ)을 합쳐서 총 2억 원까지만 채권자로부터 국가가 보호해준다.

③ 상속과 증여는 경제활동을 할 수 있는 '20세부터 64세 사이의 성인만' 받을 수 있다. 즉 지금처럼 20세 이하의 미성년자에게 상속 혹은 증여할 수 없다. 그리고 '제1기본자산만큼만' 증여 혹은 상속받을 수 있다. 단, 자신의 부모 혹은 배우자로부터는 이 기본자산의 4배, 즉 4억 원까지는 증여 혹은 상속받을 수 있다. 그리고 증여와 상속은 현금 혹은 현물 등 다양한 형태로 받을 수 있다.

④ 상속 혹은 양도할 때는 자기가 원하는 사람 누구에게나 자신의 재산을 상속 혹은 양도할 수 있지만, 앞서 말한 한도 이상으로는 할 수 없다. 예를 들어, 성인이 된 딸에게 상속하고 싶은데, 딸이 1억 원을 다른 사람에게 이미 상속 혹은 양도받았다면, 이 딸에게는 3억 원까지만 상속할 수 있다. 만약 성인이 된 조카에게 양도하고 싶은데, 그 조카가 현재 5000만 원을 이미 양도 혹은 상속받은 상태라면 5000만 원까지만 양도해줄 수 있다.

⑤ 국책은행이 수익을 낼 만한 건전한 협동조합들을 발굴해 기본자산계좌에 정기예금된 자금을 이 조합들의 회사채에 투자할 수 있도록 하고, 이에 대해 예금주가 국채 이자 정도를 취할 수 있도록 한다. 물론 이자는 자금의 수요와 공급에 따라 혹은 정책적 목적에 따라 변경하면 될 것이다.

⑥ 협동조합이 조합원들로부터 모은 기본자산으로 사업을 하다 파산할 경우는, 협동조합에 돈을 빌려준 외부 채권자들은 협동조합의 기본자산에 대해 채권을 행사할 수 있다. 즉 협동조합이 벌인 사업에 대해 조합원들은 스스로 책임을 진다.

⑦ 이외 기본자산 재원 마련 방안으로 토지보유세 혹은 공공토지 임대제 그리고 누진적 연간 자산세를 고려

한다. 특히, 토지보유세 혹은 공공토지 임대제는 기본자산제를 위해서 필수제도다. 이 제도들 없이는 주택부지 가격, 공장 대지 가격, 임대가격 등이 계속 상승할 수밖에 없어서, 기본자산의 명목 액수를 늘려주더라도 생산자들에게 경제적 자율성과 독립성을 실제로 보장해줄 수 없다. 그리고 누진적 연간 자산세는 시장 시스템이 공정하게 개혁되면 폐지한다.(이 제도들에 대한 자세한 설명은 부록에 담았다.)

기본자산제의
기본 철학

왜 기본자산제에 위와 같은 요건들이 필요한지, 그 철학적 의미를 좀 더 자세히 살펴보자.

(1) 기본자산을 몸의 일부처럼

우선, 기본자산제의 핵심은 기본자산을 단순히 주는 것에 그치지 않고, 그것을 몸의 일부처럼 개인에게 붙여주는 것이다. 그런데 이 몸과 같은 기본자산은 왜 반드시 생산적으로만 활용해야 하고 소비해버리거나 다른 사람에게 줄 수 없도록 하는 걸까? 몸이야말로 가장 '내 것'

이라고 할 만한 것이므로 내가 하고 싶은 대로 할 수 있는 건 아닐까? 사실 근대 초 정치사상가 존 로크가 현대의 배타적인 재산권을 이론적으로 정당화할 때 쓴 논리가 이것이었다. 로크는 몸이 나의 배타적 소유물이라고 전제한다. 그 몸의 일부인 노동도 나의 배타적 소유물이니 이것을 외부 자연에 섞으면 이 섞인 부분도 나의 배타적 재산이 된다고 주장했다.[31]

과연 몸은 내 것일까? 질문을 하나 해보자. 내 뱃속에 있는 신장을 내가 마음대로 팔 수 있을까? 내 몸의 일부인 신장을 내 마음대로 팔 수 있어야 신장이 나의 배타적 소유물이라고 말할 수 있을 것이다. 그런데 만약 현실에서 그렇게 하면 나는 감옥에 간다. 내 몸의 일부인 장기를 사고파는 행위는 현행법상으로 불법이다. 사실 내 몸이 내 것이라는 생각은 매우 현대적인 사고방식이다. 예를 들어, 조선시대 사람들은 몸을 자기 것이라고 믿지 않았다. 부모가 물려준 것으로 생각했다. 그래서 조선시대 사람은 자살할 때도 추락사 같은 방식은 피했다. 사극 드라마를 봐도 알 수 있듯이 자살할 때도 대부분 목을 맨다. 몸을 가장 덜 상하게 하는 방법이기 때문이었다. 당시 가장 비극적인 죽음은 몸이 크게 상하는 죽음이었다. 예를 들어 벼랑에 몸을 던져 목숨을 잃었다고 하자. 그렇게 죽음을 맞은 혼령은 저승으로 곧바로 가지 못하고 이승에서 최장 200년까지 남아 떠돈다고 믿었다고 한다. 이렇듯 내 몸이 내 것이 아니라 생각하고 자살할 때조차 몸이 상하는 것을 최소화하려 했다.

다른 질문을 하나 더 하자. 내가 호흡을 해서 허파에 들어간 공기가 배타적으로 '내 것'이라고 할 수 있을까? 나의 '사적 영역'과 나를 둘러싼 '환경'을 확연히 구분할 방법은 없다. 한 사람의 몸을 이루는 모든 구성물은 자연이 준 것으로 '내 것이라고 할 게 없는' 것이며, 차라리 몸을 나와 '가장 가까운 환경'이라고 말하는 게 더 합당한 표현이다. 이 가까운 환경인 한 사람의 몸은 자연이 제공한 것을 재해석하여 재조립한 것일 뿐이다.[32] 더구나 한 사람의 몸을 이루는 대부분의 구성물은 3년이면 거의 새것으로 교체되고, 가장 늦게 교체되는 뇌 부분도 10년 정도면 모두 새것으로 교체된다고 한다. 자연환경을 잘 보전하는 것이 모든 사람의 생존에 필수불가결하듯이, 자신과 가장 가까운 환경인 몸을 정성스럽게 보전하는 것은 그 사람의 생존에 필수불가결하기에, 우리는 서로의 몸에 대해 존중해주고 본인도 자기 몸을 함부로 다루거나 상하게 해서는 안 되는 것이다.

이러한 사상을 적용한 것이 기본자산제이다. 기본자

산을 내 몸과 같다고 보는 것은 기본자산이 '내 것'이라는 의미가 아니다. 각자의 생존과 자율성에 필수불가결한 것이므로 서로의 기본자산에 대해 존중해주고 본인도 함부로 다루거나 상하게 해서는 안 된다는 의미이다.

그래서 기본자산제는 '내 것이라고 할 만한 게 없다'라는 무소유 철학에 기초한다. '내 것'에 집착하는 현대의 재산권 개념은 결국 공동체 다수의 기본자산까지도 빼앗아 소수가 독점하는 것으로 귀결되는 반면, '내 것이라고 할 만한 게 없다'라는 사고에서 출발하는 기본자산제는 결국 모든 공동체 성원의 기본자산만큼은 지켜준다는 것은 아이러니하다고 할 수 있다.

이러한 무소유 사상은 한국어에 강하게 남아 있다. 영어와 비교하면 확연히 드러난다. 필자가 캐나다에서 박사학위를 할 때 일화가 있다. 수업 조교를 하며 학생들이 제출한 논문을 채점할 때의 일이다. 내가 맡은 분반에 한두 명의 한국 유학생이 있는 경우가 종종 있었는데, 채점할 때 논문을 읽어보면 한국 유학생이 쓴 건지 아니면 캐나다 학생이 쓴 건지 금방 알 수 있었다. 한국 학생들은 'there is'로 시작하는 문장을 자주 쓴다. 이 문장은 영어의 전형적 문장 방식이 아니다. 영어는 현실을 소유관계로 묘사하는 경향이 매우 강한 언어다. 그래서 'have'를 많이 쓴다. 예를 들어, 'My family has two daughters' 라고 쓰는 식이다. 이를 한국말로 쓰면 어떻게 될까? 우리는 "내 가족은 두 딸을 가졌어"라고 하지 않는다. 이런 번역을 본다면 배를 잡고 웃을 거다. 우리말로는 "우리 집에는 두 딸이 있어"라고 한다. 'There is' 구문을 쓰는 것이 우리말의 전형적 방식이다. 우리말은 어떤 현상을 소유관계로 보지 않는다. 두 딸은 그 누구의 소유도 아니고, 우리 가족 안에 그냥 있는 구성원이다. 기본자산도 마찬가지다. 내 소유가 아니다. 나한테 그냥 있는 것이다.

세상을 소유관계로 보지 않는 기본자산과 한국어의 철학은 현대철학에 잘 부합한다. 반면 세상을 소유관계로 보는 영어는 근대철학에 부합한다. 아마도 근대철학이 등장한 16~17세기에 영어 문법이 형성되었기 때문일 거다. 근대철학의 대표 이론가인 로크는 인간 본질을 소유관계로 보고, 인격person과 소유 대상인 재산property로 나눈다. 인간의 특징인 자유·노동·생명·몸 등을 소유 대상인 재산으로 가정하고, 이 재산의 소유자인 가상의 인격 개념을 창조한다. 프리드리히 니체와 알프레드 노스 화이트헤드 등의 현대철학자들은 이러한 로크식의 인격 개념이 근대 서구철학의 치명적 오류라고 비판한다. 필자는 다른 책(『금융과 회사의 본질』)에서 이 근대철학의

인격 개념과 재산권 개념이 어떻게 자본주의의 두 제도
인 현대 금융과 주식회사의 철학적 근간을 이루는지, 그
리고 두 제도를 통해 서구 열강의 지배층이 어떻게 식민
지와 자국의 민중을 효과적으로 수탈했는지 분석했다.

(2) 채권자로부터 보호

왜 기본자산은 채권자로부터 보호되어야 할까? 빚을
졌으면 당연히 갚는 것이 맞지 않는가? 그리고 채권자로
부터 보호해준다면서, 생산자협동조합에 투자된 기본자
산에는 외부의 채권자가 채권 행사를 할 수 있도록 허용
하는 걸까? 기본자산의 원칙대로 한다면, 협동조합에 투
자되었더라도 채권자로부터 보호되어야 하지 않을까?

기독교의 십계명에는 "네 이웃의 아내를 탐하지 말라"
는 구절이 있다. 그런데 이 구절이 채무로부터 농민의 가
족을 보호해주려는 조치였다는 것은 잘 알려져 있지 않
다.[33] '빚을 졌다'라는 개념은 상호부조의 개념이 변질된
것이다. 우리는 친구끼리 서로 돕는다. 어려움에 닥친 친
구에게 돈을 빌려줄 때 우리는 이자를 계산하지 않는다.
원시공동체에서도 마을 사람들 간의 관계가 그랬다고
한다. 그런데 언젠가부터 돈을 빌려주고 빌려준 기간만
큼 이자를 매기고 갚지 못하면 채무자의 땅을 빼앗거나

아내 혹은 딸을 채무 노예로 빼앗는 일이 생겼다. 상호부조의 관계가 냉혈한 채권-채무 관계로 변질된 것이다. 고대로부터 때때로 이웃의 아내를 빼앗거나 채무노예로 삼기 위해 돈을 빌려주고, 이웃이 갚지 못하면 아내를 취하여 한 가정을 파괴하는 일이 빈번해 십계명에까지 "네 이웃의 아내를 탐하지 말라"는 구절이 담기게 된 것이다. 이렇게 기독교는 빚에 허덕이는 농민을 보호해주는 조치를 강하게 해온 종교이다.

현재에도 노예화된 한계계층이 확대되고 있다. 이로 인해 인권의 사각지대가 늘어나고 있다. 빚의 사슬에 묶여 몸을 팔아야 하는 여성이 늘고 있고,[34] 가계부채를 갚기 위해 단가가 낮은 중노동을 감내해야 하는 계층이 늘고 있다. 필자는 독일의 쾰른, 캐나다의 토론토, 스페인의 마드리드, 미국의 뉴욕에 1년 이상씩 살았던 적이 있다. 이곳 중에 온라인 주문에 택배가 다음날 바로 배송되는 곳이 딱 두 군데였다. 한 곳은 뉴욕이었다. 뉴욕에서 택배 배송은 주로 남미에서 불법적으로 이민 온 히스패닉이 담당했다. 근근이 버티며 살아가기 위해 단가 낮은 택배 일도 마다하지 않는 히스패닉 계층이 뉴욕에 존재했기 때문에 익일 택배 배송이 가능했다. 서울에서도 당일 혹인 익일 배송이 가능한 이유는 비슷한 것 같다. 가계부채를 갚아가기 위해 혹은 다른 어려움에 부닥쳐, 단가 낮은 중노동의 배송일도 감내해야 하는 계층이 서울에 존재하기 때문이다.

"모든 빚은 갚아야 한다"라는 현대의 부채 관념은 채권자들이 소규모 자영업자·대학생·여성·농민 등 사회적 약자들을 궁지로 몰아 그들의 기본적 생산수단마저 박탈하는 것을 합법적으로 옹호해주고 있다. 그렇다면 모든 빚은 갚지 않아도 되는 걸까? 이 질문에 답하려면, 역사로부터 지혜를 얻을 필요가 있다. 고대부터 인류는 빚을 두 가지 형태로 나누고 다르게 취급하는 지혜를 발휘했다. 생계성 채무와 투자성 채무를 구분하는 것이다. 여기서 생계성 채무란 이윤을 낼 수 있는 생산적인 분야에 투자되지 않는 채무를 말한다. 반면, 투자성 채무란 생산적인 부분에 투자되어 곧 이윤이 날 것으로 예상되는 부채를 말한다. 생계성 채무의 대표적인 사례는 농가 부채, 대학 학자금융자, 생활비 지출을 위한 융자 등이다. 투자성 채무의 대표적 사례는 상인이나 무역업자에게 빌려주는 것이다.

유럽의 중세 1000년 동안 생계성 채무에 대한 이자 수취는 유저리usury로 불렸고, 당시 가장 부도덕한 행위 중 하나로 간주됐다. 보통 유저리를 고리대금이라고 번역

하지만 적절한 번역이 결코 아니다. 유저리는 꼭 높은 이자를 의미하지 않기 때문이다. 높든 낮든 생계성 채무에 대한 이자는 유저리였다. 반면, 투자성 채무에 대해서는 이자 수취가 허용됐고 이 부채를 투자investment라 불렀다.[35] 고대 이스라엘에서도 이 두 가지 부채를 나눠, 생계성 채무를 물어뜯는다는 뜻의 '네쉑Neshek'이라고 부정적으로 불렀고, 투자성 채무는 증가한다는 뜻을 지닌 '타빗tarbit'이라고 긍정적으로 불렀다.[36]

혹자는 대학 학자금융자가 왜 생계성 채무인지 갸우뚱할 수도 있다. 대학을 졸업해서 더 좋은 직장을 얻으려고 장기적인 투자를 한 것이 아닌가 생각할 수 있다. 위의 구분 기준은 빌린 돈을 당장 소비해야 하는가 아닌가이다. 융자받은 대학 학자금을 학생들은 당장 월세나 생활비 혹은 등록금으로 써야 한다. 생계성 채무에 빚진 사람들은 당장 생활비나 학비가 부족한 사람들이다. 이들에게 이자를 물리는 것은 고대로부터 이들을 '착취'하는 것으로 여겨왔다. 이런 빚은 공동체 성원끼리의 호혜성을 파괴하는 것일 뿐 아니라, 돈이 권력이 되게 하여 사회의 공정성까지 해치게 되므로 금지하곤 했다. 반면, 투자성 채무는 사회에 좋은 것으로 여겨왔다. 주로 상인들에게 투자되는데, 상업이 발달하면 다른 공동체와의 문

물 교류가 활성화되어 서로에게 이롭다. 그래서 투자성 채무는 장려했다.[37]

필자의 기본자산제는 이러한 구분을 계승하고자 한다. 우선, 기본자산이 협동조합에 투자되기 전까지는 개인이 빌린 돈은 생계성 채무에 해당한다고 간주하여 기본자산을 채권자로부터 보호해준다. 그러나 협동조합으로 투자된 이후에는 협동조합이 빌린 돈은 투자성 채무로 간주하여 채권자가 채권 행사를 할 수 있도록 허용한다.

(3) 사회적 상속

기본자산이 각 개인에게 배분되는 방식은 주로 '사회적 상속제'를 통해 이루어진다. 사회적 상속이란 내 몸이 내 것이라고 고집할 수 없듯이 내 재산도 내 것이라고 고집하지 않으며, 죽을 때 몸을 자연으로 환원하듯이 죽을 때 재산도 사회로 환원하는 것을 말한다.

필자는 자기 자식들에게 상속 혹은 증여하려고 할 때 기본자산의 4배까지만 가능하도록 했다. 이 '4배'라는 숫자가 어디서 온 건지 눈치 빠른 독자라면 금방 알아챘을 것이다. 앞서 플라톤이 언급한 4배에서 빌려온 것이다. 빌려와 보니 나쁘지 않았다. 2020년 2월 기준으로 우리나라의 20세부터 64세까지의 경제활동인구는 2508만 1000명 정도가 된다. 이 모두에게 1억 원씩 기본자산을 배분하면 우리나라가 가지고 있는 총자산의 약 29% 정도가 기본자산으로 배분되는 셈이다. 그러면 우리나라의 전체 자산이 평등하게 분배되면, 생산활동을 할 수 있는 거의 모든 성인이 기본자산의 서너 배까지는 가지게 되니 상속 혹은 증여 규모를 '네 배'로 제한하는 것이 적절한 셈이다.

그렇다면, 왜 자기 자식에게 상속 혹은 증여하는 것을 이렇게 제한하고 재산을 사회로 환원하는 것이 좋은 일일까?

사실 상속과 증여만큼 우리가 사는 사회의 기본 윤리와 모순되는 것도 거의 없다. 우리는 '능력주의'를 신봉한다. 우리는 각자의 능력에 따라 노력한 만큼 혜택을 누려야 한다고 믿는다. 그러나 상속과 증여를 통해 얻은 자산은 그 어떤 노력도 들이지 않고 얻은 불로소득이다. 능력주의의 측면에서 보면 가장 비윤리적인 것이 바로 상속과 증여다.

자식에게 자기 재산을 모두 상속 혹은 증여하는 행위는 더 큰 문제점을 초래한다. 누군가 거대한 자산을 상속 혹은 증여받았다면, 다른 다수 구성원에게 돌아가야 할 기본자산을 빼앗는 결과가 된다. 사악하고 불공정한 일이다.

더구나 자식에게 막대한 자산을 모두 상속 혹은 증여할 권리는 그 어떤 사람에게도 있지 않다. 한 개인이 평생 모은 재산 중에 순수하게 본인의 노력만으로 얻은 것은 거의 미미하기 때문이다. 하나의 상품을 만들거나 얻기 위해서는 이전 세대가 이루어 놓은 공동체의 유산들 없이는 불가능하다. 도로, 집, 축적된 기술 등등 몇천 년 동안 이루어진 공동체의 유산에 비교해, 본인이 거기에 더한 노력이란 미미할 수밖에 없다.

개인의 능력 또한 가정교육이나 사회제도에 의해 크게 좌우된다. 예를 들어, 한국에서 1980년대 과외가 금지되었을 때 교육받은 세대와 그전 혹은 그후에 과외가 허용되었을 때 교육받은 세대들이 사회에 진출한 후 성공한 비율을 조사한 연구가 있다. 상위계층 자녀가 커서 상위계층이 되는 비율과 하위계층 자녀가 커서 상위계층이 되는 비율을 비교하니, 과외 금지 세대는 16% 차이가 난 반면, 과외 허용 세대는 24%나 차이가 났다.[38] 국가가 과외를 금지하고 안 하고에 따라 개인의 능력 향상에도 큰 차이를 보이는 것이다. 개인의 능력이 향상될 수 있는 사회 환경은 한 개인이 스스로 선택할 수 있는 일이 아니다. 우연의 결과이다.

더구나 능력은 많은 경우 타고나거나 가정환경의 영향을 많이 받는다. 많은 사람이 바이올린 연주나 축구 같은 운동을 시작하지만, 아주 소수만 엘리트 수준에 이른다. 왜 그럴까를 학자들은 오랫동안 연구해왔는데, 두 가지 견해가 팽팽하게 대립했다. 그중 하나는 타고난다는 것이다. 체계적인 노력은 필요하지만 타고난 재능이 없으면 아무리 노력해도 일정 수준 이상을 넘을 수 없다는 견해이다. 또 하나는 일정 시간 이상 체계적인 노력을 다하면 타고난 재능과 관계없이 누구나 엘리트 수준에 오를 수 있다는 견해이다. 흔히 얘기되는 '1만 시간의 법칙'은 이런 종류의 견해에 해당한다.

2014년에 미국 미시간주립대학 교수 데이비드 햄브릭David Z Hambrick을 중심으로 한 일군의 심리학자들은 체계적 훈련과 실력 간의 상관관계를 연구했던 기존 연구들을 종합적으로 검토했다.[39] 2014년 3월 24일 이전의 논문들을 모두 검토하고 이 논문들의 저자들에게 이메일을 보내 추가적인 자료를 수집했는데, 총 검토한 논문이 9331개였고 검토 대상자가 1만1135명에 이를 정도로 방대한 연구였다. 이 연구의 결과는 충격적이었는데, 노력으로 엘리트 수준에 이를 수 있다는 두번째 견해를 실증적으로 뒷받침할 수 없었다는 것이다. 구체적으로 말하면, 체계적 훈련량이 실력에 미치는 영향은 체스 등 게임의 경우는 26%, 음악 분야는 21%, 스포츠의 경우는 18%, 교육의 경우는 4%에 불과하다는 것이었다. 그 나머지 수치는, 예를 들어 교육의 경우 96%는 타고난 능력과 지능 그리고 그 분야의 공부를 시작한 나이로 설명할 수밖에 없다는 결론에 이른다. 당신이 뛰어난 재능이나 지능을 타고나지 않았고 어린 나이에 특정 분야 활동을 시작할 수 있는 가정환경에서 자라지 않았다면 위의 분야에서 엘리트 수준의 실력을 갖추기는 매우 힘들다는 연구 결과이다. 그런데 이런 선천적 재능과 어린 나이에 특정 분야 활동을 시작할 수 있는 가정환경은 한 개인이 스스로 선택할 수 있는 일이 아니다. 우연의 결과이다.

그리고 어떤 사람이 선천적으로 뛰어난 재능을 타고 났더라도 그 사람의 능력을 높게 평가받는 것 또한 우연적인 일이다. 누군가 기계언어를 잘 다룰 수 있는 능력이 있어서 컴퓨터 바이러스 백신을 만들어 돈을 많이 벌었다면 그것은 그가 가진 능력을 높게 평가해주는 현대에 태어났기 때문일 뿐이다. 시와 논어를 잘 이해해야 했던 조선시대에 태어났다면 그의 운명은 크게 달랐을 것이다.

그렇기에 자신의 노력과 능력을 이유로 남보다 더 많은 재산을 가져야 한다고 주장할 수 없다. 어떤 사람이 평생 재산을 모으고 원하는 대로 쓸 수 있는 것은 그 사람이 원래 그런 자격이 있어서가 아니라 사회와 자연이 그럴 수 있도록 허용해주었기 때문이라고 보아야 한다.[40] 따라서 그 사람이 세상을 떠날 때 사회에 고마움을 표시하고 되돌려주는 것은 당연한 일이다. 이 환원을 통해 사회가 더 안정되고 우애롭게 될 것이므로, 자기 자식에게 물질적인 재산보다 더 소중한 것을 물려주는 셈이다.

근래 정부에서 한국판 뉴딜정책을 발표했다. 1930년대 미국의 대통령 F. D. 루스벨트의 주도하에 실행했던 '뉴딜New Deal'에서 이름은 빌려왔지만, 아쉽게도 뉴딜의 핵심은 빌려오지 않았다. "잊혀진 사람들을 위한 새로운 거래"라는 모토 아래 루스벨트가 행했던 뉴딜의 핵심은 고율의 상속세와 소득세를 도입해서 부유층의 부를 해체하는 것이었다. 최고 소득세율은 높게는 90%를 초과한 적도 있었고, 1932년부터 1980년까지 평균 81%를 유지했다. 최고 상속세율도 높게는 80%까지 올라갔고, 1932년부터 1980년 동안 평균 75%를 유지했다.[41] 고소득층에게 고율의 소득세를 부과하고, 고율의 상속세를 통해 상속권을 크게 제약해 자산을 재분배했기 때문에,

제2차 세계대전 이후부터 1980년까지 서구가 이룩했던 '자본주의 황금기'가 가능했다.

필자의 기본자산제는 뉴딜처럼 상속권을 제약해 자산 배분배를 하지만, 뉴딜처럼 상속세를 부과하는 방법을 택하지는 않는다. 세금을 이용해 재분배하게 되면 필연적으로 국가의 역할이 커질 수밖에 없는 단점이 있기 때문이다. 대신, 필자의 기본자산제는 국가가 아니라 죽음을 앞둔 사람 스스로 누구에게 상속할지를 결정할 수 있도록 하고, 국가는 이 결정에 필요한 정보를 제공하는 등의 중계 역할을 하도록 한다.

이것은 사회적 상속의 자유주의적 특성이다. 국가의 개입을 가능한 줄이고, 시민들 스스로가 연대해서 적절한 결정을 하는 것이 자유주의다. 죽음을 앞둔 사람은 자기가 평생 열심히 노력해서 모은 재산이 요긴하게 잘 쓰일 것을 기대할 것이고, 그래서 상속 혹은 증여받을 사람을 선택할 때 그 누구보다도 신중할 것이다. 그리고 이런 선택 권리를 행사하면서 자기가 평생 노력한 것에 대한 자긍심도 표현할 수 있을 것이다.

필자는 사회적 상속의 구체적 방식을 설계할 때 앞서 그랑이 제시한 '평생 수령 자본 세금'을 참조했다. 단, 더 개혁적으로 발전시켰다. 필자의 제안과 그랑의 제안 간의 차이점을 정리하면 다음과 같다.

〈평생 수령 자본 세금과 사회적 상속의 차이〉

항목	평생 수령 자본 세금	사회적 상속
대상 연령	20세 미만도 가능	20세 이상 64세 이하의 경제 활동이 가능한 사람
배분 결정자	국가	상속·증여하는 사람
생산적 활용 의무	없음	있음
허가분 이상의 상속 및 증여	누진세 적용	불가능하게 함

첫째로, 그랑은 20세 미만에도 증여 혹은 상속받을 수 있도록 하지만, 필자의 제안은 생산능력이 있는 20세 이상과 64세 이하의 사람에게만 가능하다.

둘째로, 그랑은 정부가 '평생 수령 자본 세금'을 거둬 기본자산으로 배분하지만, 필자의 제안은 상속하는 사람이 직접 기본자산을 분배할 수 있도록 한다.

셋째로, 그랑과는 달리 필자의 제안에서는 사회적 상속을 통해 분배받은 기본자산은 반드시 하나의 생산자 협동조합에 투자하거나 국책은행의 기본자산계좌에 정기예금해야 한다.

넷째로, 그랑은 허가분 이상에 대해서도 높은 누진세를 물리되 증여 혹은 상속할 수 있도록 하지만, 필자의 제안은 이를 불가능하게 했다. 단, 자신의 부모 혹은 배우자로부터는 기본자산의 4배까지 평생 증여 혹은 상속받을 수 있는 권리를 준다. 누구도 이 한도 이상으로 상속받을 수는 없도록 한다. 즉 어떤 사람이 죽기 전에 상속할 때는 본인이 원하는 사람 누구에게나 자신의 재산을 상속할 수 있지만, 상속받는 사람은 앞서 말한 한도 이상으로는 상속 혹은 양도받을 수가 없다. 8억 원의 자산을 가진 중산층 4인 가정의 경우, 부모는 자신의 모든 자산을 자식들에게 자유롭게 비과세로 상속할 수 있다. 만일 그 이상의 자산이 있다면 골고루 여러 사람에게 나누어주고 자연으로 돌아갈 수 있다. 물론 다 나눠주지 못하고 죽게 되면, 그 재산은 국가가 몰수해서 다른 이들에게 기본자산으로 지급한다.

혹자는 4억 원까지만 자기 딸 혹은 아들이 상속할 수 있도록 하는 조치가 과도하다고 느낄 수도 있다. 그러나 이렇게 상속권을 크게 제약하지 않고는 재산 재분배를 효과적으로 할 다른 방법이 없다. 그렇지 않으면 소득세와 법인세 그리고 부가가치세 등을 과도하게 늘려야 하는데, 그렇게 되면 시장경제체제의 효율성을 크게 훼손할 수밖에 없다. 더구나 소득세·법인세·부가가치세는 가장 중요한 사회복지 재원인데 이 재원으로 기본자산을 배분하게 되면 사회복지제도를 크게 훼손하게 된다.

이 책의 부록에서 토지보유세와 누진적 연간 자산세를 기본자산의 재원 마련 방법으로 제안하고는 있지만, 토지보유세의 재원은 크지 않고 누진적 연간 자산세는 초기에 부유층의 부를 신속하게 해체할 수 있지만 시장경제시스템이 공정해지면 궁극적으로 폐기되어야 한다. 토지+자유연구소의 남기업 소장에 따르면 2018년 기준으로 토지보유세를 약 17조5460억 원을 걷을 수 있는데, 여기서 종합부동산세 폐지로 인한 세금 수입 감소 2조 원을 빼면 약 15조5000억 원의 순세금 증가가 가능하다고 한다.[42] 기본자산 배분에 필요한 재원으로는 턱없이 부족한 액수다.

역사적으로 볼 때, 재산 재분배를 효과적으로 했던 문명은 언제나 주요한 생산수단에 대해 부유층의 상속권을 폐지하거나 크게 제약했다. 영국의 중세를 예로 들어보자. 사람들은 흔히 중세를 영주가 농노들을 착취하고 그 위에 군림한 시기로 알고 있다. 그렇지만 당시 농노가 일주일에 대략 평균 32시간 정도만 일하면 됐고, 토지에 대한 영구 경작권을 보장받아 흉작이 들지 않는 한 굶을 걱정을 하지 않아도 되었다는 사실은 잘 알려져 있지 않다.

중세 시기 영주의 권리는 제한적이었다. 영주에게는

왕에게 불하받은 토지를 자기 자손에게 물려줄 권한이 없었다. 영국 중세사회의 근간이 토지를 둘러싼 왕과 영주의 일대일 계약이었기 때문이다. 이 계약의 내용은 왕이 영주에게 토지를 일정 기간 하사해주는 대신, 영주는 왕을 위해 전쟁에 참가하고 일정한 세금을 내기로 약속하는 것이었다. 그리고 이 계약은 왕과 영주와의 일대일 계약이었으므로 영주가 죽으면 이 계약은 자연적으로 철회되고 토지는 왕에게 반환해야 했다.[43] 단, 영주에게 군사적 의무를 이행할 수 있는 아들이 있으면 이 계약은 관례상 갱신되었다. 즉 계약의 갱신이지, 상속권이 영주의 아들에게 있었던 것이 아니었다. 그래서 영주에게 딸만 있거나 군사적 의무를 수행할 수 있는 성인 아들이 없는 경우는 토지는 왕에게 반환되는 것이 원칙이었다.

이 원칙이 무너지면서 중세가 몰락했다. 영주가 왕의 자산인 토지를 자신의 자손에게 물려주기 위해 투쟁했고, 이 투쟁을 통해 영주계급은 공동체의 땅을 사적 재산으로 착복함으로써 지주계급으로 진화했다. 이 과정에서 왕은 이런 행위를 불법화하여 막으려고 했으나 귀족 지주계급이 17세기 후반 이른바 명예혁명을 통해 최종 승리하고, 토지는 사유화돼 상속된다. 이렇게 시작된 근대는 다수 대중에게 폭력적이었다. 내부적으로는 생산수단인 토지로부터 농민을 축출해 부랑자로 전락시켰고, 외부적으로는 식민지 개척을 통해 식민지 농민들과 노동자를 폭력적으로 수탈했다. 물론, 선진국은 1·2차 세계대전 이후 복지국가를 건설하면서 내부의 불평등을 일부 완화했지만, 여전히 다양한 방식, 즉 글로벌 공급을 독점하거나 국제 기축통화의 이점을 이용하거나, 무기를 후진국에 수출하는 등의 방식으로 후진국의 자원을 흡수하면서 수탈 구조를 유지하고 있다.

반면, 고려 말 신진사대부는 대토지 소유 세력의 상속권을 폐기하면서 조선이라는 새로운 시대를 연다. 고려 정부는 관료들에게 봉급 대신 토지의 경작물 일부를 수취할 권리를 주었는데, 고려 말에는 관직을 떠났는데도 이 수취권을 정부에 반환하지 않고 마치 그 토지가 자기 것인 양 자손에게 불법적으로 물려주는 일이 다반사가 되었다. 고려 말 신진사대부가 시행했던 과전법科田法은 수취권의 대상이 되는 토지를 경기도로 제한하는 방식으로 전국 토지의 4/5에 이르는 수취권을 부유층으로부터 몰수했다.

이렇게 영국 중세의 토지제도와 조선 신진사대부의 토지개혁 사례에서 보듯이, 역사적으로 부유층의 상속권을 크게 제약하지 않고는 자산 재분배를 할 방법은 없다. 즉 상속권의 제약 혹은 폐기는 가장 도덕적이고 정의로우면서도 자산 재분배에 가장 효과적인 방법이다.

두 가지 형태의
기본자산

　　　　　　고대 기본자산제를 교훈 삼아, 필자는 새로운 기본자산이 두 가지 역할을 할 수 있도록 재설계했다. 고대의 기본자산제에서는 토지가 기본자산이어서 토지 위에 집을 지어 주거도 할 수 있었고 토지를 경작해 생산물도 만들 수 있었다. 농경사회가 아닌 현대의 산업사회에서는 기본자산이 토지로만 국한되지 않으므로, 기본자산제를 다르게 설계해야 한다. 필자는 기본자산을 생산적으로 활용될 자산과, 부채 위기로부터 각 개인의 주거를 보호해줄 최소한의 자산으로 나눌 것을 제안한다. 이 두 가지 목적의 자산 각각을 일단은 1억 원씩으로 정하는 것이 좋다고 생각한다.

첫번째로 제1기본자산 1억 원은 앞서 설명한 사회적 상속을 통해 부모나 타인으로부터 받는다. 그리고 이 기본자산을 전액 하나의 생산자협동조합에 투자하여 이 협동조합의 구성원이 되거나, 혹은 5000만 원까지는 주택구입이나 전월세 임대 보증금으로 사용하거나, 혹은 국책은행의 기본자산계좌에 정기예금할 수 있다. 그 이외의 방식으로는 사용하거나 소비하지 못하도록 한다. 국책은행은 정기예금을 건전하고 수익성 있는 협동조합의 회사채에 투자해서, 협동조합이 그 예금을 사업 재원으로 사용할 수 있게 한다.

이 책에서 말하는 생산자협동조합은 한살림생활협동조합이나 아이쿱생활협동조합 같이 생산자들과 소비자들을 연결하는 소비자협동조합과는 다르다. 기존 협동조합의 구분, 즉 소비자협동조합·사용자협동조합·노동자협동조합·다중이해관계자(복합)협동조합 중에 사용자협동조합과 노동자협동조합이 생산자협동조합에 해당한다고 할 수 있다. 생산자협동조합은 경영자와 종업원이 함께 모여 있는 기존의 회사와 형태는 같지만, 회사의 자산을 종업원들이 공동소유하고 종업원 총회에서 종업원들이 직접 경영진을 선출하거나 중요 경영정책을 정한다는 점에서 다르다. 예를 들어, 현재 대학은 재단의 소유이고 재단이 중요한 의사결정과 인사권을 행사하지만, 대학협동조합은 그 구성원인 교수들과 학생들이 대학을 공동소유하고 공동으로 의사결정을 한다. 현재 기아자동차는 주주들이 회사를 소유하고 주주총회에서 경영진을 선출하고 중요 경영정책을 정하지만, 기아자동차가 생산자협동조합으로 탈바꿈하면 종업원들이 종업원 총회에서 경영진을 선출하고 중요 경영정책 방향을 인준해서 경영진이 경영을 하게 된다.

이렇게 기본자산을 생산자협동조합으로 연계시키는 이유는 두 가지이다. 첫째로, 현대의 산업사회가 과거의 기본자산제가 실현되었던 농경사회와는 매우 달리, 대규모의 인원과 자원이 투입되는 대규모의 협력사업이 과거보다 훨씬 빈번하고, 그래야 경쟁력도 확보할 수 있기 때문이다. 둘째로, 현재 자본주의 사회에서 대표적인 경제조직인 주식회사가 환경파괴와 노동자 착취 등의 주범이 되고 있는데, 이 주식회사를 대체할 유일한 대안적 경제조직이 생산자협동조합이기 때문이다.

두번째로 제2기본자산, 부모로부터 1억 원을 넘게 받은 자산이거나 혹은 개인이 정당한 방법으로 번 자산이 해당한다. 즉 제1기본자산은 부모나 다른 이들에게 상속받지 않아도 국가가 책임지고 받을 수 있게 하는 반면, 제2기본자산은 부모에게 1억 원을 초과해 상속받은 돈을 기본자산으로 등록하거나 스스로 번 돈을 등록하는 것이다. 추가로 상속 혹은 증여받은 돈이기에, 혹은 개인이 스스로 번 자산이기에 1억 원이 안 될 수 있다. 이를 국책은행의 기본자산계좌에 입금하면 1억 원까지 국가

〈제1, 제2 기본자산의 공통점과 차이점〉

항목	제1기본자산	제2기본자산
취득 방식과 액수	사회적 상속으로 받은 1억 원까지	추가로 받은 상속 자산(즉 부모에게 1억을 넘게 받은 경우)과 스스로 정당하게 번 돈을 합해서 총 1억 원까지
활용 방식	● 5000만 원까지는 주택 구입이나 전월세 임대보증금으로 사용 ● 하나의 생산자 협동조합에 투자 ● 국책은행의 기본자산계좌에 정기예금	● 주택 구입이나 전월세 임대보증금으로 사용 ● 국책은행의 기본자산계좌에 정기예금
채권자로부터 보호	① 주택 가격이나 전월세 임대 보증금 중에서 1억 원까지 ② 국책은행의 기본자산계좌에 정기예금된 것 중에서 2억 원까지 ③ 그러나 ①+②를 합쳐서 총 2억 원까지만	

가 채권자들이 채권 행사를 못 하게 막아주는 것이다.

이 제2기본자산은 주로 주택 형태 혹은 전세나 임대 보증금으로 소유할 수 있다. 이 소유 주택의 가치 중에 1억 원, 혹은 전세나 임대보증금 중의 1억 원은 기본자산으로 간주하여 채권자로부터 국가가 보호해준다. 그렇게 해서 부채 위기가 닥치더라도 각 개인의 주거를 보호해줄 최소한의 자산으로 기능할 수 있다. 주택 형태로 소유하지 않는 경우, 국책은행의 기본자산계좌에 정기예금하도록 한다. 단, 입금할 때는 정당하게 취득한 자산임을 증명하는 서류를 제출하도록 한다. 정기예금된 자금은 국책은행이 수익을 낼 만한 건전한 협동조합들을 골

라 이 조합들의 회사채에 투자하도록 하고, 이에 대해 예
금주가 국채 이자 정도를 취할 수 있도록 한다.

생산자협동조합은 파산할 수 있어서 이 생산자협동조
합에 투자한 제1기본자산 또한 잃을 수 있다. 이 경우 제
2기본자산을 다른 생산자협동조합의 구성원이 되는 데
사용할 수 있다.

제2기본자산과
금융위기

이런 제2기본자산이 있으면 금융
위기가 발생하더라도 최소한 극심한 양극화는 막을 수
있다. 1997년 IMF 외환위기와 2008년 세계 금융위기로
인해 한국과 유럽 그리고 미국에서 부의 양극화가 심해
지고 중산층이 붕괴했다. 이런 결과가 초래된 이유는 채
권자의 권리를 과도하게 옹호해주었기 때문이다.

미국의 사례를 통해 간단히 살펴보면, 2008년 금융위
기로 많은 채권이 폭락하여 휴지조각이나 다름없이 되
었다. 이때 미국 정부는 천문학적 예산을 쏟아부어 부실
채권을 제값을 쳐주고 사주었다. 예를 들어, 채권 액면가
는 10만 달러였는데 금융위기로 시중가가 500달러로 폭
락했다면, 미국 정부는 시중가가 아닌 액면가 10만 달러

에 가까운 가격으로 사주었다. 이것은 국민의 세금으로 채권자들의 권리를 보호해준 조치였다. 사실 금융위기는 사회 전체의 위기가 아니다. 부유한 채권자들의 위기다. 이들이 투자한 돈을 돌려받지 못할 상황에 빠진 것이다. 그런데 부유층 채권자들과 야합한 정치가들은 마치 사회 전체가 위기에 처한 것처럼 과장한다. 국민의 세금으로 채권자들의 투자를 지켜주지 않으며 사회가 망할 것처럼 떠들어댄다. 이것이 구제금융의 본질이다.

금융위기는 채권자와 채무자가 서로 양보하고 배려해서 해결해야 한다. 채권자들이 투자 위험을 감수하는 대가로 이자를 받아왔으니 일정한 손실을 부담해야 하는 것이다. 좀 더 구체적으로 말하면, 파산법을 개별 사례가 아니라 시스템적으로 적용해서 극복해야 한다. 파산법의 목적은 채권자의 양보를 얻어내어 회사를 살려내고, 이를 통해 장기적으로 채권자와 공동체 모두 손실을 최소화하는 것이다. 미국의 파산법을 예를 들어 설명하면 이렇다. 유동성 위기에 몰린 기업이 이 파산법을 통해서 회생 절차를 신청하면서 사업재조직 계획서를 법원에 제출한다. 그러면 파산법 법원은 채권자들의 경쟁적인 채권 회수로부터 이 기업을 보호하여 기초자산을 확보하도록 도와줌으로써 장기적으로는 채권자의 빚을 상환하게 한다.

이 취지를 달성하기 위해 파산법은 두 가지 규정을 두는데, 하나는 자동중지제도automatic stay이고 또 하나는 부인권否認權, avoidance이다.[44] 자동중지제도는 채권자들의 경쟁적인 채권 회수로부터 보호하여 파산을 막기 위해, 채권자들 모두의 권리 행사를 동시에 중지시키는 제도이다. 한편 부인권은 법원에 파산 신청하기 전에 특정 채권자에게 먼저 갚은 것을 무효화시키는 제도를 말한다. 기업이 파산에 직면한 것을 알고 특정 채권자가 그 기업과 공모하여 파산절차 신청의 단계 전에 그 기업으로부터 먼저 변제받으려고 하는 경우가 있다. 이는 어느 특정의 채권자가 다른 채권자들에 앞서 이익을 얻으려는 것으로, 부인권은 이것을 무효로 하는 제도이다. 그래서 파산신청 90일 이전까지 변제받은 것이 부인권의 대상이 되어 회수된다.

자동중지제도와 부인권을 금융위기 때는 모든 채권자에게 적용해야 한다. 이렇게 해서 회사와 경제가 살아야 채권자들도 장기적으로 자금 회수를 제대로 할 수 있다. 부유층 채권자들이 투자에 대한 그 어떤 책임을 지지 않아도 되도록 국민의 세금으로 이들을 살려주고, 그에 따른 손실은 사회 전체가 부담하는 식은 안 된다. 정의롭지 않고 공평하지 않다.

2008년 세계금융위기의 또 다른 문제점은, 구제금융을 통해 거대 은행과 채권자들이 살아남은 대가로 중산층은 붕괴했다는 것이다. 미국에서 2008년 이후 800만 가구 이상의 주택이 압류되었고, 이러한 압류는 지금도 계속되고 있다. 이 과정을 통해 중산층이 붕괴하고 있다. 그런데 미국 정부는 양극화를 해소하기 위해 사회복지를 확대하고 싶어도 하기 어려운 처지에 놓여 있다. 구제금융 자금을 마련하느라 국가 부채가 두 배 규모로 증가해서, 사회복지 예산에 투자할 여력이 부족하다. 이 사례는 금융위기의 해법으로 제시된 구제금융이 오히려 장기적으로 사회적 위기를 만들어내는 경우다. 즉 몇몇 부유층 채권자가 돈을 돌려받지 못하는 '소수의 위기'가, 장기적으로 중산층을 붕괴시키고 사회적 화합을 와해시켜 부의 양극화를 낳는 '사회 전체의 위기'로 진화한 사례인 것이다.

기본자산제를 활용한다면, 금융위기가 발생했을 때 국가가 자유주의 시장 원칙을 지켜 시장에 간섭하지 않으면서도 돈 한 푼도 들이지 않고 중산층의 붕괴를 막을 수 있다. 예를 들어, 미국에서 800만 가구의 집이 압류당해 길거리로 내몰리는 상황에서 기본자산제가 있었다면, 각 가구는 기본자산액만큼은 압류당하지 않을 수 있어 길거리로 내몰리는 상황에는 안 놓이게 된다. 만약 개인당 기본자산이 1억 원씩 있었다면 부부가 함께 2억 원의 기본자산은 보존할 수 있어서, 2억 원의 주거를 새로 마련할 수 있는 것이다.

이렇게 기본자산제라는 법률을 수립하면, 중산층의 붕괴를 막는 데 국가는 한 푼의 돈도 들이지 않을 수 있는 것이다. 그래서 미래 세대의 세금으로 주택소유자들의 재산을 보전해주는 일이 생기지 않고 막대한 예산 지출도 없으므로, 향후 다른 사회복지 분야의 예산을 줄일 필요도 없어진다.

1970년대 중반 이후 신자유주의적 세계금융체제가 형성된 이래로, 금융위기는 피할 수 없는 현상이 된 것으로 보인다. 최근 금융위기는 10여 년을 주기로 발생해왔다. 1980년대 초반에는 남미 지역에서, 1997년에는 아시아 지역에서, 그리고 최근 2008년에는 미국과 유럽에서 발생했다. 이러한 주기적 현상이 앞으로도 계속될 가능성이 큰데, 그렇다면 몇 년 안에 특정 지역에서 다시 금융위기가 발생할 것이다. 언제 닥칠지 모르는 금융위기가 중산층을 붕괴시켜 부의 양극화를 초래하는 일이 없게 하려면 기본자산제가 필요하다.

5장

기본자산과
협동조합의 만남

제1기본자산은 제2기본자산과 달리 소비적으로 지출할 수 없고 생산적으로만 활용할 것을 장려한다. 물론, 사회적 상속을 받은 기본자산 1억 원 중에 5000만 원까지는 주택구입비나 전월세 임대 보증금으로 사용할 수 있지만, 가능한 하나의 생산자협동조합 지분으로 투자하거나 국책은행의 기본자산계좌에 정기예금하도록 의무화할 것을 제안한다. 국책은행은 정기예금으로 받은 자산을 수익을 낼 만한 건전한 생산자협동조합에 빌려줘, 이 협동조합이 그 자산을 생산적으로 활용할 수 있도록 한다.

기본자산을 투자할 곳을 생산자협동조합으로 국한하

는 이유는 주식회사에 기반한 시장경제를 협동조합을 기반으로 한 시장경제로 탈바꿈하기 위해서다. 현재 주식회사는 비민주적이고 노동착취와 환경파괴를 일삼는 경제조직이다. 이런 주식회사를 환경친화적이고 서로에게 호혜적인 경제조직으로 바꿀 때의 원칙은 무엇인가?

필자는 그 해답이 경제조직의 운영원리에서, 익명성을 제거하고 권한과 책임의 균형을 맞추는 것에 있다고 생각한다. 주식회사는 이 두 가지에서 심각한 문제가 있어서 이윤 추구라는 하나의 목표가 환경보호, 직장 민주주의, 지역사회 공헌 등의 다른 사회적 가치들을 압도하게 된다. 이 두 가지 문제를 해결할 유일한 방법이 협동조합과 기본자산을 연계하는 것이라는 게 필자의 주장이다.

유한책임 주식회사 제도의
문제점

독자들에게 이 주장을 설득하기 위해서는 유한책임 주식회사에 대해 더 자세히 설명해야 할 것 같다. 현재 우리나라 경제조직 중에 90% 이상이 유한책임 주식회사이다. 이 책에서 주식회사라고 할 때는 모두 '유한책임 주식회사'를 말한다. 이 주식회사의 구성원은 주주들이다. 주식회사가 환경파괴와 노동자 착취 등의 주범인 이유는 이 주주들이 익명성 뒤에 숨어 그 어떤 부끄럼도 느끼지 못하고, 법적으로 그 어떤 책임을 지지 않으면서도 이윤 극대화의 도구로 회사를 이용할 수 있기 때문이다. 주주들은 컴퓨터 스크린 뒤에서 주식 가격의 등락에만 관심을 둔다. 이렇게 익명성 뒤에 숨은 사람들이 주주총회에서 중요한 경영전략을 결정하고 자신들을 대리해서 자신들의 이익을 극대화해줄 경영자를 선출한다. 경제조직은 다양한 가치를 동시에 균형 있게 추구해야 한다. 싸고 품질 좋은 상품을 생산해서 소비자에게 공헌해야 하며, 적절한 이윤을 내서 조직원들의 안정적 생활을 보장해야 하고, 직장 민주주의가 정착해서 일하는 사람이 도구로 전락하지 않고 인격적으로 존중받아야 하며, 환경을 보호해야 하고, 세금을 많이 내서 공동체에 기여해야 한다.

그런데 이런 가치들이 유한책임 주식회사 제도에서는 이윤 극대화를 위해 무시되기 일쑤다. 미국의 경우 2005년에 임기 내에 해고된 CEO의 비율이 임기를 마친 CEO하고 거의 같다고 한다. 반수의 CEO가 임기 내에 해고당한 셈인데, 그러니 경영진들로서는 인사권을 쥔 주주들의 이익을 우선시할 수밖에 없다. 경영진들은 속으로 이렇게 얘기할 것이다. "우리들에게 가장 중요한 도덕적 의무는 환경을 보호하거나 세금을 많이 내거나 싸고 품질 좋은 상품을 생산하는 것이 아닙니다. 회사의 주인인 주주들에게 배당금을 더 많이 지불하고 주식 가격이 더 오르게 하는 것입니다." 이를테면 경영자들이 환경을 파괴하는 행위에 부끄러움을 느낄 수 있도록 제도가 구성되어야 하는데, 유한책임 주식회사 제도에서는 경영자들이 주주들에게 돌아갈 배당금이 줄고 주식 가격이 내렸을 때 더 부끄러움을 느낀다. 경영자들은 이렇게 말할 것이다. "만약 내가 회사의 주인이라면 이렇게까지 하지는 않을 것입니다. 그러나 지금은 이윤 극대화를 위해 법망을 피해서 환경파괴도 무릅써야 하고 독점적 지위를 이용해 상품 가격을 가능한 높게 올려야 합니다."

그럼 주주들은 어째서 법이나 도덕은 신경 쓰지 않고 이윤만을 추구하는 걸까? 유한책임 주식회사 제도가 주주의 무책임성을 법적으로 보장해주기 때문이다.(책임이 한정돼 있기에 '유한'책임인 것이다.) 예를 들어, 세월호의 선주인 (주)청해진해운은 선박의 안전을 끝까지 책임져야 할 선장조차도 비정규직으로 고용할 정도로 생명과 안전을 도외시했다. 이렇게 이윤 추구에만 매달리다 결국 250여 명의 어린 생명을 바다에 생매장했다.[45] 2015

년에 대법원에서 (주)청해진해운 김한식 대표가 세월호 침몰에 대한 책임을 지고 징역 7년을 확정받았는데, 그는 재판 과정에서 (주)청해진해운의 실질적인 최고경영자가 대주주 유병언이라는 것을 시인했다.

그런데 유병언이 살아 있었다면 그에게 세월호 참사에 대한 법적 책임을 물을 수 있었을까? 법적으로 답은 명확하다. "없다!" 법적으로 대주주는 무책임이 원칙이기 때문이다. 그의 일가가 참사 이후에 어떤 책임을 졌는지 보면 알 수 있다. 유병언 가족들은 현재 재판을 받거나 형을 확정받았지만, 그 혐의는 모두 횡령 혹은 배임 등이었지, 세월호 참사에 대한 책임을 진 것은 아니었다.[*] 세월호 참사뿐만이 아니다. 가습기 살균제로 인해 지금까지 143명이 사망한 기업 범죄가 있었다. 현재 피해자 가족들은 영국 레킷벤키저 PLC를 상대로 집단소송을 준비중인데, 이 영국 회사는 살균제 판매사인 한국 옥시레킷벤키저 주식의 100% 지분을 가진 실제 소유자이다. 이 집단소송에서 피해자 가족들이 이 영국 회사로부

---

[*] 2015년 10월 8일에 유병언의 아들 유대균은 횡령죄로 징역 2년을 선고받았고, 딸 유섬나도 492억 원에 이르는 횡령·배임 혐의를 받고 있고, 실질적인 유병언의 후계자로 알려진 아들 유기혁도 600억 원의 횡령·배임 혐의를 받고 있다. 부인 권윤자 씨는 기독교복음침례회의 재산에 대한 횡령죄로 1년 6월의 징역을 선고받았을 뿐이다.

터 보상을 받을 수 있을까? 답은 "없다"이다. 주주의 무책임이 회사법상의 원칙이기 때문이다. 2007년에 태안 앞바다에 삼성중공업 소유 크레인선과 외국 선적 유조선 허베이 스피리트호가 경고를 부시한 무리한 항해로 충돌해서 태안 앞바다를 기름으로 오염시켰을 때도 대주주인 이건희 회장은 물론 주주 누구도 그 어떤 책임도 지지 않았다.

유한책임 주식회사의 비윤리적 행태는 해외 진출 기업들에서 더 극단적으로 나타난다. 여타 형사법조차도 적용하기 어려운 지역으로 기업이 옮겨갔기 때문이다. 예를 들어, 방글라데시의 자유생산지역에 자리한 하청공장의 소유주들은 대개 한국이나 대만 의류회사들인데, 이곳에서는 위생 관련 규정도 없고 임금 관련법도 전혀 적용되지 않으며 노동조합 설립은 금지되고 직원의 해고와 고용은 주문량에 따라 결정된다.[46] 스펙트럼-스웨터라는 회사의 경우, 데님 청바지는 제네바에서 57유로(대략 7만 4000원)에 팔리지만, 미싱공에게 지급되는 돈은 25센트(대략 325원)에 불과하다. 이 회사가 입주해 있던 공장 건물이 2005년에 무너져 수백 명의 직원이 매몰되는 사고가 있었는데, 다국적 기업의 하청업체였던 이 회사가 이윤 추구를 위해 부실 공사를 한 건물을 이용했

기 때문이었다.[47]

우리는 이집트와 튀니지 등에서 민주주의 요구 시위가 확산되던 2010~2012년 '아랍의 봄'을 기억한다. 사실 그 원인에는 2006년부터 2009년 사이에 일어난 빵값의 급격한 인상과 잇따른 영양실조와 기아가 있었다. 그런데 이 2006년부터 2009년 시기는 세계적으로 유례없는 곡물 풍작이 이어졌던 때였다. 이 풍작에도 불구하고 식량 가격이 급작스레 상승한 것이다. 2011년 1월에는 세계 곡물시장에서 밀가루 1톤당 가격이 두 배로 뛴다.[48] 카길 등의 국제 곡물기업이 종자 생산과 곡물의 유통과 저장 등 곡물 생산의 전 과정을 독점하고서, 이 독점을 이용해 곡물가격을 조작했기 때문이었다. 카길의 주주들은 자기 회사가 외국에서 어떤 비인륜적인 행위를 하는지에 관심이 없다. 주가와 배당금에만 관심이 있다. 그래서 부끄러움을 모른다.

해결 방안:
기본자산과 협동조합의 연계

　　　　　　주식회사의 익명성과, 권한과 책임의 불균형 문제를 어떻게 하면 해결할 수 있을까? 우선, 부끄러움과 애정 등의 감정이 잘 작동할 수 있는 위치에 있는 사람이 주요 의사결정의 주체가 되어야 한다.

정전제를 주장했던 맹자가 우물에 빠지는 아이에 대해 얘기한 것에 시사하는 점이 있다. 지나가다가 우물에 어린아이가 빠지는 것을 보면, 이 순간 누구나 깜짝 놀라 그 아이를 구하려고 한다는 것이다. 맹자의 말을 직접 들어보자.

> 사람마다 남에게 차마 하지 못하는 마음이 있다는 그 까닭은, 누구나 철모르는 아기가 가령 샘 속으로 기어들어 가는 것을 본다면 즉시, 가슴이 선뜻하여 아차 불쌍하다는 마음이 우러날 것이니, 이는 이 아이의 부모와 은근히 사귈 길을 트자는 데서 나온 것도 아니요, 마을 어른들이나 친구들에게서 치하의 말을 듣자는 데서 나온 것도 아니며, 이렇다 저렇다는 소리를 듣기 싫어서 그러는 것도 아니다.(『맹자』, 「공손추」 상上 6장).

맹자는 이런 사람의 마음이 나타나는 다른 사례도 드는데, 제사의 재물로 끌려가는 소가 벌벌 떠는 걸 보고 제나라 선왕이 제물을 양으로 바꾸라고 했던 것을 두고 사람들이 선왕을 욕하던 일이다. 사람들은 선왕이 구두쇠라 비싼 소를 제사의 재물로 쓰는 것이 아까워 싼 양으로 바꾸라고 했다고 속닥거렸다. 그러나 선왕의 심성을 평소 잘 알고 있었던 맹자는 다르게 해석했다. 다음은 맹자의 말이다.

이것이 바로 인을 행하는 방법입니다. 즉 소는 보았고 양은 미처 보지 못했기 때문입니다. (⋯) 은혜가 금수에게까지 미치면서도 백성에게만은 유독 그 공효가 미치지 못한다면 어째서입니까? (『맹자』, 「양혜왕」 상上 7장).

여기서 중요한 것은 벌벌 떠는 소를 직접 보았다는 것이다. 그리고 첫번째 사례에서도 핵심은 우물에 빠지려는 어린아이를 직접 보았다는 것이다. 물론 사람의 측은지심 같은 마음은 언제나 나타나는 것은 아니다. 어떤 의도를 미리 마음에 품고 있던 사람은 우물에 빠지는 아이를 보거나 벌벌 떠는 소를 보고도 측은지심이 나오지 않는다. 그러나 그런 의도가 없이 지나가다 그냥 그 어린아이와 소를 보면 측은지심이 자연스레 나온다는 것이다. 그 사람이 범죄자든 아니든 모든 사람이 그렇다는 말이다.

이런 일을 우리는 주위에서 흔히 목격한다. 예를 들어, 2003년에 미국이 이라크를 침공할 때 바그다드 공습 장면을 CNN이 중계했는데, 어두운 밤에 마치 컴퓨터 게임에서 나오는 장면처럼 전투기들이 폭탄을 투하하는 장면이었다. 그런 화면을 본 사람들 마음에는 측은지심이 동하지 않았고, 미국 여론은 이 전쟁을 지지했다. 그런데 만약 떨어진 폭탄에 피 흘리는 이라크 시민들의 장면을 CNN이 중계했다면 미국 여론은 크게 달라졌을 것이다. 실제, 이라크 전쟁이 진행되면서 이라크 시민들의 참상이 TV를 통해 전해졌고 미국 여론이 전쟁을 반대하는 것으로 바뀐다.

경제조직을 통제하는 주체도 이런 측은지심 등의 마음이 더 잘 동하는 처지에 있는 사람들이어야 한다. 컴퓨터 스크린 뒤에서 주식 가격의 등락에만 관심을 두는 주주들에게 측은지심을 기대하는 것은 우물에서 숭늉을 달라는 꼴이다. 반면에, 노동자들은 직접 일을 하는 사람들이다. 어떤 회사가 초등학교 근처 냇물에 유해물질을 흘려보내려 할 때 그 일을 멀리서 지시하는 경영자나 주주는 양심의 가책을 덜 느낄 것이다. 하지만 그 일을 직접 행하는 노동자들은 냇가 주변에서 어린아이들이 노는 모습을 보게 된다. 유한책임 주식회사에서는 경영자의 명령에 따라 이 일을 해고당하지 않으려 어쩔 수 없이 해야겠지만, 스스로가 경영 주체인 협동조합에서는 자신이 선택할 수 있는 일이 된다. 그리고 냇가 주변에서 노는 아이들을 보면서 그런 일을 자발적으로 하는 것은 사람에게 쉬운 일이 아니다.

20세기 초 몇몇 정치경제학자들은 유한책임 주식회사 제도의 문제점을 해결하기 위해 주주의 권리를 크게 제한할 것을 주장했다. 미국 정치경제학자 소스타인 베블런Thorstein B. Veblen, 영국의 노동당 지식인 리처드 헨리 토니Richard Henry Tawney와 해롤드 라스키Harold Laski 그리고 페이비언 사회주의자인 빌 웨더번Bill Wedderburn 등은 주주가 사회에 어떤 유용한 서비스도 제공하지 않고 이윤 극대화만 추구하는 기생적인 부류이며, 이들이 산업을 지배하게 되면서 산업의 생산적인 행위들이 왜곡되고 있다고 주장했다.[49] 그리고 이 문제를 해결하기 위해서 주주의 권한을 약화할 것을 제안했다. 라스키는 이 약화 방법으로 실질적으로 사회에 유용한 역할을 담당하고 그에 대한 실질적 책임을 질 수 있는 노동자가 경영에 참여해야 한다고 하면서[50] 이사회의 반수를 노동자들과 경영자들이 합의해서 선출한 사람으로 채워야 한다고 주장했다. 그리고 웨더번은 주주가 누리는 권리 중에서 배당금을 받을 권리만 남겨두고 의결권과 인사권은 폐기하자고 이야기했다.[51]

그런데 이런 주장들에도 한 가지 중대한 문제가 있다. 주주의 의결권과 인사권을 폐기하게 되면, 의결권과 인사권을 경영진과 직원들이 행사해야 하는데, 경영진과 직원들이 이 권한에 비례해서 석설한 책임을 질 수 있는 가이다. 필자가 몸담은 서강대학교의 사례가 이 문제를 이해하는 데 도움이 될 것 같다.

서강대의 경우 총장을 교수들이 주도해서 선출한다. 선출된 총장은 교수 중에서 운영진을 뽑아 기획처장과 교무처장 등에 임명하고 학교를 운영한다. 재단의 이사회가 여전히 학교의 최종 의결기관이긴 하지만, 교수들이 주도하여 총장을 선출하고 중요 보직을 맡는 등 교수들의 권한이 작지 않은 편이다. 그런데 학기 시작 전에 개최하는 전체 교수회의에 교수들이 잘 참석하지 않는다. 전체 교수회의에서 운영진은 학교 운영에 대해 보고하고 교수들의 의견을 듣고자 하지만 교수들의 참석률이 저조한 것이다. 교수들이 어느 정도 학교의 주인인 셈인데, 이들의 자발적 참여가 이렇게 저조한 이유는 무엇일까? 이 질문에 대한 필자의 답은 교수들이 학교에 '내놓은' 것이 적기 때문이라는 것이다. 학교 운영이 잘못되어 혹시나 학교가 폐교를 해도 직장을 바꿀 기회가 있는 사람들이 교수들이다. 물론 폐교할 가능성도 거의 없다.

혹여나 학교 적자가 나면 월급이 좀 덜 오를 뿐인데, 굳이 전체 교수회의에 참석해 목소리 높여 의견을 낼 절실함을 못 느끼는 게 교수들의 입장이다.

유한책임 주식회사도 마찬가지다. 주주들은 어쨌든 자기 돈을 투자했기에 회사가 파산하게 되면 자기 돈을 잃는다. 반면, 직원들은 회사에 내놓은 돈이 없으므로 일할 곳만 잃게 된다. 일할 곳을 잃는다는 것도 한 사람에게는 큰 충격이지만, 직원들이 기업의 주인 노릇을 하려면 내놓은 것이 더 많아야 한다. 그래서 회사가 잘못되면 직장도 잃고 투자한 돈도 같이 잃어야 비로소 직원들이 적극적으로 주인 노릇을 책임 있게 하게 된다. 직원들이 주도하여 운영하는 기업이 협동조합이라면, 이 협동조합에 투자할 돈을 직원들에게 마련해주는 것이 바로 기본자산제다. 베블런·토니·라스키·웨더번 등 정치경제 학자들이 주장한 유한책임 주식회사의 개혁방안을 현실화하기 위해 기본자산제를 이용하자는 것이 필자의 제안이다.

혹자는 생산자협동조합으로 유한책임 주식회사를 대체하는 것이 불가능하다고 생각할 수 있다. 유한책임 주식회사가 더 효율적인 제도인 것이 역사적으로 입증되면서 자생적으로 생긴 경제조직인데, 이를 협동조합으로 대체하는 것은 역사적으로 퇴행 아니냐고 비난할 수 있다.

그러나 유한책임 주식회사의 실제 발전사를 조사해보면 이런 비난이 틀렸음을 알 수 있다. 전쟁자금이 필요했던 국가권력이 부유층의 돈을 끌어 모으기 위해 준 혜택이 바로 유한책임제도였기 때문이다. 즉 정치권력과 부유층이 야합한 결과로 인위적으로 조작되어 만들어진 제도가 바로 유한책임 주식회사 제도다.

주주의 책임을 최소화한 유한책임제도가 산업혁명기에 산업자금을 모으기 위해 도입되었다는 것으로 알려졌지만, 그렇지 않았다. 법학자 패디 아일랜드Paddy Ireland 와 여러 경제사학자의 연구에 따르면, 18세기 말부터 시작된 산업혁명 당시 영국의 면직물과 철공업 등 산업에 필요한 자금을 모으는 데는 유한책임 주식회사가 필요하지 않았고 협동조합과 유사한 동업조합 형태로 충분했다. 그래서 산업혁명에 관련된 대부분 회사는 일반적인 동업조합 형태로 조직되었고, 이 동업조합에서는 동업자들이 사업에 대해 무한책임을 졌다. 그리고 유한책임제도의 도입은 돈만 있고 경영능력이나 기술이 없었던 부유한 계층에게 불로소득을 확보해주기 위해 정치가들이 베푼 특혜였다.[52] 오히려 당시 산업가들은 일반적

으로 유한책임제도에 반대했는데, 그래서 유한책임제도
가 자유롭게 활용될 수 있게 된 이후에도, 동업조합 형태
의 회사들은 대부분 오랫동안 유한책임 주식회사로 변
모하지 않고 그대로였다.[53]

생산자협동조합의
실현 방향

정치권력과 부유층이 야합해서
인위적으로 만들어진 유한책임 주식회사 제도를 개혁해
야 부유층의 불로소득을 막아 정의를 복원할 수 있다. 하
지만 현재 성공적인 생산자협동조합은 아직 소수다. 그
래서 기본자산제를 통해 생산자협동조합을 활성화하려
는 기획은 많은 상상력과 끊임없는 노력이 필요한 일이
다. 이것이 이 책에서 생산자협동조합 활성화에 대해 구
체적인 대안을 내놓지는 못하고 큰 방향만을 제시할 수
밖에 없는 이유이기도 하다. 생산자협동조합 이외에 유
한책임 주식회사를 대체할 방법은 없다는 필자의 주장
에 동의가 되었다면, 대체할 구체적 방안은 같이 모색해
나갈 것을 제안한다.

여기서는 기본자산과 협동조합을 연계하자는 제안에
제기될 만한 몇 가지 질문에 답을 하는 것으로 만족해야

할 것 같다.

[질문 1] "과연 생산자협동조합이 현재의 대기업에 맞서 경쟁력이 있을까? 현재 자영업자들의 파산율이 높다는데 생산자협동조합이라고 해서 과연 크게 다를까?"

현재는 공동체의 자산 대부분을 부유층이 독차지하고 있고 그 부유층이 그 자산을 주식회사들에 투자하고 있어서 생산자협동조합에 자원 배분이 거의 이루어지지 않는 상황이다. 현재의 이러한 열악한 상황에서도 소수지만 경쟁력 있는 생산자협동조합이 있다. 예를 들어, 노동자협동조합의 효시인 스페인의 몬드라곤협동조합이다. 110여 개의 협동조합의 복합체로 이뤄진 몬드라곤협동조합은 금융위기 때에도 노동자를 해고하지 않았고, 2010년 기준으로 564개의 특허와 한 해에 약 1억6000만 유로(약 1920억 원)를 연구개발에 투자하고 있다고 한다.[54] 한국에서도 해피브릿지협동조합은 생산자협동조합의 성공적 사례로 볼 수 있다.[55] 이 기업은 원래 주식회사였다가 2013년 협동조합 창립총회를 거쳐 노동자협동조합으로 변화한 경우다. 국수나무, 도쿄스테이크, 화평동왕냉면 그리고 중국에 마스터 프랜차이즈까지 590여 개 가맹점을 운영하는 외식업계의 탄탄한 기업이다.

필자의 기본자산제는 공동체의 자산을 생산자협동조

합에 충분히 배분할 수 있도록 설계했다. 제1기본자산을 수급자가 생산자협동조합에 직접 투자하거나 혹은 국책 은행을 통해 채권 형태로 투자할 수 있도록 한 것이다. 이를 통해 협동조합이 현재 겪고 있는 투자금 모집의 어려움을 획기적으로 개선했다. 하지만 협동조합의 성공은 재원 마련만으로 되는 것이 아니다. 위계적 질서 아래 명령에 잘 따르기만 하면 됐던 기존 조직문화에서 수평적인 협력 문화로 잘 바뀌어야 하고, 협동조합의 공공성과 책임성을 강화하기 위해 감사제도도 정비해야 하는 등 갈 길이 멀다. 그럼에도 불구하고 협동조합 운동의 오랜 역사에서 성공과 실패를 교훈 삼는다면, 공정하고 평화로운 새로운 문명을 위해 새로운 경제조직을 지혜롭게 구축해나갈 수 있을 것이다.

[질문 2] "종업원이 자기 회사의 주식을 직접 소유하는 종업원지주회사가 오히려 생산자협동조합보다 더 현실적 대안이 아닐까?"

현재 생산자협동조합은 아니지만, 생산자협동조합처럼 생산자인 종업원들이 회사 자산의 최대 지분을 소유하고 있는 경제조직이 바로 종업원지주회사이다. 2011년 기준으로 미국 민간기업의 10%인 1만여 곳이 종업원지주제로 운영되고 있으며, 미국 대형항공사 중의 하나인 유나이티드항공은 1994년 7월 노사 간 합의를 통해 미국에서 가장 큰 종업원지주회사로 변신했다. 종업원지주회사는 노동자들의 자발성으로 기업에 활력을 준다고 평가받고 있다. 우리나라에서도 2000년 4월 법정관리 퇴출 명령을 받은 모기업을 노동자들이 인수해 탄탄한 기업으로 키운 키친아트(주)가 있고, 한겨레신문사와 경향신문사도 임직원들이 최대 주주이다. 키친아트의 제품은 가격이 저렴한 것에 비해 품질이 좋은 것으로 평이 나 있고, 지역공동체에 공헌하는 다양한 사업을 하는 것으로 알려져 있다. 그리고, 종업원들이 사장을 직접 선출하는 『한겨레』와 『경향신문』은, 방씨 혹은 김씨 대주주 일가가 지배하고 있는 『동아일보』나 『조선일보』와 비교하면 언론으로서의 책임성과 공정성이 매우 뛰어나다. 따라서 종업원지주회사도 하나의 과도기적 대안이 될 수 있다. 그러나 마치 노예소유권을 사고 팔 듯이, '생산자들의 모임에 대한 소유권'을 사고파는 주식시장을 폐지하는 것이 올바른 방향이므로 궁극적으로 종업원지주회사보다는 생산자협동조합을 지향한다.

　[질문 3] "산업 부문에 따라서는 협동조합의 출자금 규모가 클 필요가 있는데, 조합원들에게 요구하는 출자금을 기본자산 1억 원으로 제한해야 하는가?"

물론 아니다. 산업 부문에 따라 더 많은 출자금이 필요할 수가 있으므로 각 조합원 출자금을 4억 원까지 생산자협동조합이 자율적으로 정할 수 있다. 그리고 산업 부문에 따라 적은 출자금으로도 충분할 때도 있으므로 각 조합원 출자금을 1억 원보다 적게 정할 수 있다. 단, 이 경우에는 각 조합원은 1억 원 기본자산의 나머지를 앞서 말한 국책은행의 기본자산계좌에 정기예금하거나 주택 구입비 혹은 전월세 임대보증금으로 사용할 수 있다. 그리고 노동자협동조합은 2~3년 정도의 근속연수를 채워야 조합원이 될 수 있다는 규정을 둘 수도 있다. 조합원의 요건이나 배당 방법은 공정성을 해치지 않는 한 협동조합의 상황과 필요에 따라 협동조합 스스로 정할 수 있도록 한다.

[질문 4] "이미 음식점이나 빵집 등 자영업을 운영하는 사람들은 기본자산을 협동조합에 투자하는 것보다 자기 사업에 투자하는 게 더 낫지 않은가?"

이 경우 다른 음식점 혹은 빵집 사업자와 같이 사업자협동조합을 구성할 수 있다. 우리나라에도 좋은 사례가 이미 있다. 2013년 '소상공인 협동조합 활성화' 공모사업을 통해 11명의 빵집 사장이 모여 '동네빵네협동조합'을 만들었다. 오랫동안 친목을 다져왔던 이들은 제대로

된 공장만 있으면 대기업과 맞붙어볼 수 있을 터라고 평소 아쉬워해 왔는데, 위의 공모사업을 계기로 지원받은 2억 원에 각자 1000만 원을 추가로 출자하여 공동공장을 설립했다.[56] 협농조합을 통해 온라인 미케팅을 강화하고 제빵기술을 공유하는 등의 경쟁력 향상에 힘썼더니 빵집당 매출이 30%가량 올랐다고 한다.[57]

기본자산을 혼자서 사용하지 못하게 하고 반드시 협동조합 형태로만 사용하게 하는 이유는 경쟁력 있는 경제조직을 구성하기 위한 불가피한 조치다. 동업할 믿음직한 다른 동료들을 만나기 전이나 명확한 사업 구상이 되지 않을 때는 국책은행의 기본자산계좌에 입금해서 다른 생산자협동조합이 요긴하게 사용할 수 있도록 하는 것이 좋을 것 같다.

[질문 5] "특별히 동참하고 싶은 협동조합이 없거나 새로 협동조합을 구성하기 어려워 그냥 고용되어 일하고 싶은 사람이 있다면 어떻게 할 것인가?"

'모든' 생산자를 협동조합의 구성원으로 만들 수는 없다. 기본자산제는 그것을 목표로 하지도 않는다. 생산자협동조합 중에 노동자협동조합은 조합원 수의 몇 퍼센트 내에서(예를 들어 조합원의 1/3 내에서) 임금계약을 통해 직원을 고용할 수 있도록 한다. 현행 협동조합기본법에서도 노동자협동조합은 조합원이 아닌 직원을 전체 직원의 1/3 내에서 고용할 수 있도록 허용하고 있다. 물론 고용직 직원들은 조합원이 아니므로 조합원 총회에 참가하여 의결권이나 인사권을 행사할 수는 없다. 정규직으로 고용할 경우 동일노동에 대해 동일임금을 최저치로 한다. 즉 정규직으로 고용된 직원은 비슷한 일을 하는 조합원들이 받는 임금만큼 혹은 계약에 따라 그 이상을 받을 수 있도록 하는 것이다. 비정규직으로 고용한 경우는 동일노동에 대해 20~50%의 추가 임금을 지급하도록 한다. 이렇게 고용직을 택한 사람은 기본자산 1억 원을, 5000만 원까지는 주택구입비나 전월세 임대보증금으로 사용할 수 있고, 혹은 국책은행의 기본자산계좌에 이 기본자산을 정기예금으로 둬서 이 예금에서 나오는 이자수익은 정기적으로 찾아 쓸 수 있도록 한다. 정기예금의 원금은 생산자협동조합의 조합원이 되려고 할 때 혹은 정년이 되어 퇴직할 때 찾을 수 있다.

[질문6] "군인과 공무원 등 국가에 고용된 사람은 기본자산을 받아 협동조합을 구성할 수 없는데 이 경우는 어떻게 할 것인가? 또 삼성전자 등 안정적인 회사에 이미 취업하고 있는 경우, 기본자산을 받았다고 반드시 다니던 회사를 그만두고 협동조합에 들어가야 하는 건가?"

이들도 앞서 고용직을 택한 사람들과 마찬가지로, 받은 기본자산 1억 원 중 5000만 원까지는 주택구입비나 전월세 임대보증금으로 사용할 수 있고, 나머지는 국책은행의 기본자산계좌에 정기예금하고 국재 이지에 해당하는 정도의 이자수익을 정기적으로 찾아 쓸 수 있지만, 원금은 정년이 되어 퇴직할 때나 생산자협동조합의 조합원이 되기 위해 퇴직할 때 찾을 수 있도록 한다.

[질문 7] "성년이 되기 전에 부모가 모두 사망하여 기본자산을 미리 받은 경우는 어떻게 할 것인가?"

이 경우도 마찬가지로 성년이 될 때까지 기본자산을 국책은행의 기본자산계좌에 정기입금하고 이자를 정기적으로 찾아 쓸 수 있다. 성년이 되기 전까지 이 사람에게 국가에서 사회복지를 통해 생활비·주거비·교육비를 제공하여 성인으로 잘 성장할 수 있도록 한다.

변화를 위한 마지막 기회

2016년 5월 28일에 서울 지하철 2호선 구의역 9-4 승강장의 안전문을 고치다 김군이 어린 나이에 유명을 달리했다. 그가 남긴 것은 일에 쫓겨 뜯지도 못한 컵라면이었다. 고작 월급 144만 원을 받던 하청업체 비정규직 청년의 죽음에 많은 사람이 마음 아파했다. 2016년 5월 29일에는 경기도 이천의 물류창고에서 화재로 38명이 사망했다. 공사비를 줄이기 위해, 엘리베이터 용접 공사와 우레탄 폼 등 가연성 물질을 다루는 작업을 동시에 불법적으로 하다 일어난 것이었다. 매년 2000여 명의 일하는 사람들이 이윤 추구의 도구쯤으로 이용되다 목숨까지 잃고 있다. 한국은 1994년 이후 2016년까지 두 차례만 제외하고 OECD 국가들 중에 산재사망율 1위를 지켜오고 있다.

구의역 김군 사건의 경우, 은성 PSD 이모 대표가 징역 1년과 집행유예 2년을 선고받았을 뿐이고, 원청인 서울 메트로 사장이었던 이정원은 벌금 1000만 원을 선고받았을 뿐이다. 이에 중대 재해 기업 처벌법을 촉구하는 목소리가 높다. 실제 2008년부터 영국은 '법인 과실치사법'을 시행해서, 2011년 노동자 1명이 사망한 첫 사건에서 연매출 250%에 해당하는 벌금을 부과했고, 당시 재판부는 "벌금 때문에 회사가 파산하더라도 피할 수 없는 일"이라 선고하여 기업이 노동자의 목숨을 하찮게 여기는 관행에 대해 경고했다. 이후 영국에서는 10만 명당 사망 노동자 비율이 2008년 0.7명에서 2018년 0.36명으로 줄어드는 효과가 있었다.

그러나 형법으로 처벌하는 것으로는 한계가 있다. 여기서 맹자의 말을 귀담아들을 필요가 있다.

죄를 짓게 밀어 넣은 뒤에 그를 처벌하는 것은 백성을 그물질하는 것입니다. 어진 사람이 군주로 있으면서 어떻게 백성을 그물질하겠습니까! 그러므로 현명한 군주는 백성들의 생업을 마련해주는데… (『맹자』, 「양혜왕」 상上 7장)

범죄를 저지르면 벌을 주는 것이 맞지만, 범죄를 저지르지 않도록 경제체제를 다시 구성하는 것이 더 중요하다. 필자는 그 하나의 방안으로 기본자산제를 주장했다. 사회적 상속으로 자산을 주기적으로 재분배하여 생산자들에게 기본자산을 마련해주고, 이 기본자산을 생산자협동조합을 구성하는 데 사용토록 하여 생산자들의 경쟁력과 자립성 그리고 자율성을 높여 불공정한 임금노동계약에 예속되는 일이 없도록 하자고 제안했다.

물론, 기본자산제는 만병통치약이 아니다. 사회보장제도가 든든하게 같이 버텨줘야 하고, 필자가 다른 책(『금융과 회사의 본질』)에서 주장했듯이 자본주의 금융제도도 개혁되어야 한다. 그때 비로소 정의로운 경제체제를 이룰 수 있다.

그리고 이 책에서 제안한 기본자산제의 내용은 단지 필자의 견해일 뿐이다. 아직도 다듬을 점이 많은 제안이다. 많은 사람과 같이 머리를 맞대고 보완하고 수정해가기 위해 여러 비판을 기꺼이 감수하며 내놓는다. 필자가 제시한 기본자산의 몇 가지 원칙들에 동의한다면, 뼈아픈 비판을 주저 말고 해주길 고대한다.

현재의 국제정세는 19세기 말과 유사하다. 19세기 말 서구 열강은 심각해지는 자산 양극화와 소득 양극화에 직면했고, 이를 타개할 방법으로 다시금 보호무역 정책을 강화하면서 식민지 개척 전쟁에 재돌입했다. 비슷한 패턴이 현재 반복되고 있다. 2008년 세계금융위기 이후 서유럽과 미국은 자산 양극화와 소득 양극화가 심해지면서 중산층이 몰락하고 있고, 이를 타개할 방법으로 보호무역 정책으로 회귀하면서 중국과의 무역전쟁이 심해지고 있다. 19세기 말의 보호무역과 무역전쟁이 결국 20세기 초 파시즘 정권의 등장과 세계전쟁으로 귀결되었듯이, 현재도 그런 패턴으로 귀결될까 걱정이다. 더구나 현재는 인간이 지금껏 자행해온 자연파괴가 정점에 달해 기후변화 등으로 인한 자연재해와 전염병이 만연해지고 있어 어쩌면 인류가 변화를 선택할 기회가 이번이 마지막일지도 모른다. 기본자산제는 자산 양극화와 소득 양극화를 줄이고 환경파괴를 멈춰, 19세기 말과 20세기 초의 패턴이 반복되는 것을 막을 유일한 정책이다.

〈부록: 여타 재원 마련 방안〉

토지보유세 혹은 공공토지 임대제

사회적 상속 이외의 재원 마련 방안으로 고려할 수 있는 것은 토지보유세 혹은 공공토지 임대제이다. 이 두 제도는 토지공개념에 기반한다. 토지가 공동체에 속하는 것이므로 개인이 일정한 토지를 사용했다면 그 사용료를 공동체에 지급해야 한다는 개념이다. 그런데 토지를 공동체의 소유로 여긴다고 해서, 토지보유세를 주장하는 이론가들이 토지를 반드시 국유화하자고 주장하지는 않는다. 대신, 가장 잘 활용할 사람들에게 토지가 이용되어야 하고, 이용이 끝나면 그 토지는 다시 다른 공동체 구성원에 의해 잘 이용될 수 있어야 한다고 주장한다. 이를 위해, 이 두 제도는 토지로부터 발생하는 불로소득을 토지보유세라는 세금의 형태 혹은 공공토지의 경우는 임대료의 형태로 국가가 거두어들여 공익적인 목적에 사용한다.[58]

토지 불로소득을 국가가 환수하는 이유는 토지 불로소득이 부동산 투기를 일으켜 시장경제의 효율성을 해치기 때문이다. 강남에 있는 건물이 낡아가는데도 불구하고 그 지역 부동산 가격이 치솟는 이유는 강남이라는 입지 때문이다. 이렇게 토지의 위치로 인해 발생하는 이득은 그 소유자의 노력에 의한 것이 아니라 정부 개발 정책 등에 의한 것으로 토지 불로소득이다.[59] 이러한 토지 불로소득을 얻기 위해 부동산 투기가 발생하는데, 이 투기는 부동산 가격을 상승시켜 공장 대지 및 건물 임대료를 비싸게 만들어 초기 투자비를 과도하게 상승시킴으로써, 시장에 새로 진입하려는 사람을 막거나 생산가격을 상승시켜 가격경쟁력을 떨어뜨리는 등 시장경제의 효율성을 저해한다. 현재 한국의 제조업 일자리가 줄어드는 이유 또한 공단 임대료가 급상승해서 어쩔 수 없이 공장을 임대료가 싼 해외로 이전하기 때문이다.

　부동산 투기는 또한 집값을 폭등시켜 주거비를 과도하게 상승시킴으로써 국민의 생활기반을 불안정하게 한다. 토지보유세 혹은 공공토지 임대제는 이러한 토지 불로소득을 국가가 환수함으로써 부동산 투기를 근절하여 부동산의 가격을 하향 안정화한다. 더불어 건물 보유세와 건물 취득세, 건물 양도세 등의 거래세는 낮춰서 토지

의 효율적인 이용이 가능하도록 하여 시장경제 활성화에 도움을 줄 수 있다.[60]

건물의 가치에는 세금을 매기지 말고 그 건물이 놓여 있는 토지의 가치에만 세금을 매기자는 주장은 애덤 스미스, 데이비드 리카도, 헨리 조지[61] 등 여러 저명한 경제학자들이 주장해온 것이다. 이들 경제학자는 이렇게 토지에만 세금을 부과해야 시장경제를 효율성 있게 유지하면서도 토지 소유 불평등을 줄일 수 있다고 주장해왔다. 우리나라는 2005년쯤부터 김윤상[62]·전강수[63] 등의 경제학자와 남기업·이태경 등 몇몇 활동가들이 토지보유세의 도입을 주장해오고 있다. 지금은 이 주장을 현재 토지+자유연구소가 이어받고 있다.

이들이 주장하는 도입 방안을 살펴보면 다음과 같다.[64] 1) 부동산보유세로 통합된 토지보유세와 건물보유세를 분리하여 토지보유세는 현실화하고 건물보유세는 낮춘다. 2) 토지보유자가 실제 임대소득을 얻지 못했더라도 그래야 주변 지역의 임대소득을 계산하여 토지보유세를 부과한다. 그 토지를 효율적으로 이용하지 못하는 사람은 토지보유세에 부담을 느껴 그 토지를 계속 소유하지 않으려 할 것이다. 이렇게 되면 토지가 실제 필요한 사람에 의해 효율적으로 사용될 수 있다. 3) 공공토지 임대제는 토지비축제도를 활용하여 국공유지를 확대하거나, 택지 개발 과정에서 확보하는 공공택지를 매각하지 않고 계속 보유하면서 민간에 임대하여 임대료를 징수한다.[65] 토지임대료는 자유경쟁의 원리에 맞게 책정되고 공공토지의 임차인은 국가로부터 임대받은 토지의 사용권을 자유롭게 처분할 수 있다. 4) 공공토지 임대제는 남북한의 통일 과정에서, 북한의 토지를 사유화하지 않고 국가 토지 소유로 유지하여 실시할 수 있다. 독일 통일 과정에서 동독의 토지 사유화가 초래한 갈등과 실업 그리고 저투자 등의 큰 사회적 문제를 막을 수 있다. 5) 공공토지 임대제는 개발이익 환수, 도시계획 기능 제고, 부동산 투기 억제, 사회간접자본 건설 등에 매우 유리하며, 싱가포르와 홍콩은 공공토지 임대제를 성공적으로 정착시킨 대표적인 나라들이다.

2019년 초반 문재인 정부는 헌법에 '토지공개념'을 새로 넣는 개헌을 추진했지만 안타깝게도 개헌이 이루어지지 않았다. 이 개헌이 반드시 성공하여, 토지를 배타적으로 개인이 소유할 수 없다는 관념이 정착되어야 한다. 그래서 위에서 제안된 토지임대료나 토지보유세를 장기간 내지 않는 경우 국가가 그 토지를 압류해, 그것을 낼 의향이 있는 다른 사람에게 재임대할 수 있는 정도가 되어야 토지보유세가 실질적으로 제 역할을 할 수 있다.

토지보유세 혹은 공공토지 임대제는 기본자산제를 위해서도 필요하다. 주택 부지 가격, 공장 대지 가격, 임대 가격 등이 계속 상승한다면, 기본자산의 명목 액수를 확충해주더라도 실제 경제적 자율성과 독립성은 보장해줄 수 없을 것이다.

현재 개인이 토지를 소유하여 다른 사람들에게 임대해 임대소득을 얻는 것은 조선시대의 소작제도와 같다. 소수 부유층이 여러 농민이 원래 소유했던 토지를 모아 자기네 것인 양 갖고서 이 농민들에게 소작료를 받는 관행이 조선 후기에 만연해졌다. 생산자인 농민은 늘어가는 세금 부담과 소작료 부담으로 고통받지만, 정작 나라의 곳간은 텅 비는 사태가 벌어져 조선의 국운은 쇠퇴해갈 수밖에 없었다.

토지+자유연구소에 따르면 2018년 기준으로 전체 인구 상위 0.1%가 전체 토지 가액의 12.3%를, 전체 토지 면적의 19.1%를 소유하고 있다. 상위 1%의 인구는 토지 가액의 33.8%를, 면적의 53.6%를 소유하고 있으며, 상위 10%의 인구가 토지 가액의 79.1%를, 면적의 96.5%를 소유하고 있어 토지 소유 불평등은 매우 심하다. 법인의 경우는, 10%의 법인이 전체 법인 소유 토지의 82.2%

를, 면적의 75.4%를 소유하고 있다. 토지를 소유하지 않은 세대까지 포함해 개인 소유 토지의 지니계수Gini's Coeffient 계산하면 0.809라고 한다. 지니계수 1은 완전히 불평등한 상태이고, 0은 완진히 평등한 상태를 의미하니, 우리나라 토지 소유 불평등은 너무도 심한 것이다.[66] 토지+자유연구소에 따르면, 2007년과 2016년 사이에 매년 평균 GDP의 24.2%에 해당하는 불로소득을 부유한 지주 계층이 가져가고 있다. 기본소득론자들이 주장하는 GDP의 1/4에 가까운 액수이다.

안타깝게도 현재 토지+자유연구소는 토지보유세 혹은 공공토지 임대제로 징수되는 세금을 재원으로 기본소득을 실시하자고 주장한다. 그러나 앞서 설명했듯이, 이 소중한 세금을 기본소득으로 낭비해서는 안 된다.

누진적 연간 자산세

이 세금은 앞서 피케티가 제안한 세금이다. 다만, 피케티의 것과 필자의 것은 두 가지 점에서 차이가 난다. 첫째로, 피케티의 연간 자산세는 토지 소유 부분까지 포함하고 있다. 반면, 필자가 제안하는 연간 자산세는 토지 이외의 주식·채권·예금 등의 모든 자산에 부과하는 세금이다. 토지보유세를 주장하는 경제학자들이 제안하듯이, 토지 소유와 다른 자산의 소유는 근본적으로 다른 성격의 것이므로 토지자산에 대한 세금은 다른 자산에 대한 세금과는 분리할 필요가 있다. 토지는 공급을 늘릴 수 없는 자산이지만, 다른 자산은 공급을 늘릴 수 있다. 토지보유세를 주장했던 경제학자들이 건물에 대한 세금과 토지에 대한 세금을 분리하여 전자를 후자로 대체할 것을 주장했던 이유다. 건물을 늘려 토지를 더 효율적으로 사용하는 것은 세금을 낮춰 장려해야 하지만, 토지를 독점해서 불로소득을 취하는 것에 대해서는 세금을 늘려 막아야 한다.

피케티의 연간 자산세와 또 다른 점은 필자의 연간 자산세는 한시적으로만 시행한다는 것이다. 앞서 제안한 사회적 상속과 토지보유세 혹은 공공 토지임대제는 항시적으로 시행하는 제도이다. 자산을 주기적으로 재분배해서 자산을 효율적으로 사용할 수 있게 하는 제도들이기 때문이다. 반면, 누진적 연간 자산세에는 징벌적 성격이 있다. 자산 획득 과정이 정의롭지 않다는 가정이 깔려 있고, 이 부정의를 세금이라는 사후적인 방식으로 수정하려는 것이다. 따라서, 기본자산제가 정착되어가면서 협동조합을 기반으로 한 시장경제로 점차 재편되고, 자본주의 금융제도가 개혁되어 가면서, 점차로 이 연간 자산세는 줄여가야 하고 궁극적으로는 폐지되어야 한다. 하지만 기본자산제 실행 초기에, 높은 누진적 연간 자산세는 자산을 재분배하는 효과가 크므로 시행할 필요가 있다.

여담이지만, 소득세의 누진율도 마찬가지이다. 물론 기본자산제에서는 소득세를 재원으로 삼지 않는다. 소득세는 공동체의 공동경비와 사회복지비용을 충당하기 위해 쓰여야 하기 때문이다. 하지만 소득세를 누진적으로 징수하는 정책은 고소득자의 소득이 불공정한 과정을 통해 발생했다는 전제가 있어서 실행된다.[67] 불공정한 시장체제를 공정하게 개선한다면 소득세를 누진세가 아니라 고소득자와 저소득자 모두에게 정률을 적용하는 비례세로 전환해야 할 것이다.

앞으로 공동체의 공동경비가 늘어가고 사회보장제도를 확대해가면 소득세의 누진율을 고소득층에만 아니라 중간소득층에까지 적용해야 할지 모른다. 이렇게 되면 중간소득층에 과도한 범칙금을 매기는 꼴이 되며, 이는 경제적 인센티브를 줄여 경제의 효율성을 저해할 수 있다. 기본자산제는 빈곤층을 줄이고 자산을 더욱 생산적으로 활용하게 하여 소득세 이외의 세금을 더 걷을 수 있게 할 것이다. 이렇게 되면 같은 금액의 사회복지지출로

도 더 다양한 사회복지 서비스를 제공할 수 있고, 사회복
지지출을 늘리더라도 소득세의 누진율을 중산층에까지
늘리는 일은 없을 것이다.

| 주 |

1) 파레이스, 필리프 판, 홍기빈 옮김, 『21세기 기본소득』, 흐름출판, 2018, 33쪽,
2) 그레이버, 데이비드, 정명진 옮김, 『부채: 그 첫 5,000년』, 부글북스, 2011, 412쪽.
3) 플라톤, 박종현 역주, 『법률』, 2009, 서광사.
4) 브루스 액커만·앤 알스톳·필리페 반 빠레이스 외, 너른복지연구모임 옮김, 『분배의 재구성: 기본소득과 사회적 지분 급여』, 나눔의 집, 2010; 토마스 피케티, 안준범 옮김, 『자본과 이데올로기』, 문학동네, 2020.
5) 브루스 액커만·앤 알스톳·필리페 반 빠레이스 외, 같은 책.
6) 김종철, 「기본자산제: 평등하고 공정한 사회를 위한 정책」, 『동향과전망』, 101호, 2017, 107-135쪽.
7) 파레이스, 같은책.
8) 마르크스, 칼, 「고타 강령 초안 비판」, 『칼맑스/프리드리히 엥겔스 저작 선집 제4권』, 박종철출판사, 1991, 365-390쪽.
9) 오준호, 『기본소득이 세상을 바꾼다』, 도서출판 개마고원, 2017, 153쪽.
10) 그레이버, 같은책, 411쪽.
11) 아리스토텔레스, 천병희 옮김, 『정치학』, 2009, 도서출판 숲
12) 파레이스, 같은책, 320쪽.
13) 양재진, 『복지의 원리: 대한민국 복지를 한눈에 꿰뚫는 10가지 이야기』한겨레출판, 2020; 이상이, 「좌파 기본소득·우파 기본소득을 모두 반박한다」, 『프레시안』, 2020년 6월 8일.(https://www.pressian.com/pages/articles/2020060811214851134)
14) 파레이스, 같은책, 24~25쪽.
15) 조나단 닛잔·심숀 비클러, 홍기빈 옮김, 『권력 자본론』. 삼인, 2004.
16) 파레이스, 같은책, 350-351쪽.
17) Board of Governors of the Federal Reserve System.(https://www.federalreserve.gov/faqs/currency_12771.htm.)
18) 칸트, 임마누엘, 백종현 옮김, 『영원한 평화』, 2013, 아카넷.
19) 김종철, 같은책.
20) 플라톤, 박종현 역주, 『법률』, 서광사, 2009, 741c.
21) 플라톤, 같은책, 742c.

22) 플라톤, 같은책, 744c.

23) 플라톤 같은책, 526쪽.

24) 한국민족문화대백과(http://encykorea.aks.ac.kr), "토지개혁."

25) 그레이버, 같은책.

26) 정도전, 『조선경국전』 상.(한영우, 『왕조의 설계자 정도전』. 지식산업
사, 1999, 253쪽에서 재인용)

27) 브루스 액커만·앤 알스톳·필리페 반 빠레이스 외, 같은책.

28) 액커만, 브루스·앤 알스톳·필리페 반 빠레이스 외, 같은책.

29) 피케티, 같은책.

30) Erik Olin Wright, "Eroding Capitalism: A Comment on Stuart
White's 'Basic Capital in the Egalitarian Toolkit." *Journal of
Applied Philosophy*, 2015, Vol. 32, Issue 4, 439쪽.

31) 로크, 존, 강정인·문지영 옮김, 『통치론』, 1996, 까치.

32) 김종철, 같은책.

33) 그레이버, 같은책.

34) 김주희, 『레이디 크레딧: 성매매, 금융의 얼굴을 하다』, 2020, 현실
문화.

35) Ireland, Paddy, "Company Law and the Myth of Shareholder
Ownership", *Modern Law Review*, 1999, Vol. 62, no. 1.

36) Hudson, Michael, "Reconstructing the origins of interest-bearing
debt and the logic of clean slates," in *Debt and economic renewal
in the ancient Near East*, edited by Michael Hudson, Marc Van de
Mieroop, Bethesda, MD: CDL Press, 2002.

37) Ireland, 같은 논문.

38) 오준호, 같은책, 177쪽.

39) Macnamara, B. N., Hambrick, D. Z., & Oswald, F. L., "Deliberate
practice and performance in music, games, sports, education, and
professions: A meta-analysis", *Psychological Science*, 2014, 25,
1608-1618.

40) 존 롤스, 황경식 옮김, 『정의론』, 이학사, 2003.

41) Thomas Picketty, *Capital and Ideology*, Cambridge, Massachusetts:
The Belknap Press of Harvard University Press, 2019, 448-449쪽.

42) 김정희, 「이재명發 기본소득형 국토보유세, 국회서 실행안 토
론회」, 『전자신문』, 2018년 10월 18일.(https://www.etnews.
com/20181008000240)

43) Alan Macfarlane, *The Making of the Modern World*, London, UK:

Palgrave, 2002.

44) 김종철, 같은책.

45) 지주형, 「세월호 참사의 정치사회학: 신자유주의의 환상과 현실」, 『경제와사회』, 2014, 제104호, 20-21쪽.

46) 지글러, 장, 양영란 옮김, 『굶주리는 세계, 어떻게 구할 것인가』, 갈라파고스, 2012.

47) 지글러, 같은책.

48) 지글러, 같은 책.

49) Thorstein Veblen, *Absentee Ownership: Business Enterprise in Recent Times, the Case of America*, New Brunswick (U.S.A.) and London(U.K.): Transaction Publishers, 1923(1997); Richard Henry Tawney, *The Acquisitive Society*, New York: Dover Publications, Inc., 1920.

50) Harold J. Laski, *A Grammar of Politics*, New York: Routledge, 1925.

51) K.W. Wedderburn, *Company Law Reform*, London: The Fabian Society, 1965.

52) Paddy Ireland, "Limited Liability, Shareholder Rights and the Problem of Corporate Irresponsibility," *Cambridge Journal of Economics*, 2010, Vol. 34, Issue 5, 837-856쪽.

53) Ireland, 위의 논문, 839-840쪽.

54) 김은남, 『이런 협동조합이 성공한다: 성공한 협동조합의 7가지 비결』, 도서출판 개마고원, 2015.

55) 김은남, 같은책.

56) 김은남, 같은책.

57) SBS, "[소상공인] '뭉쳐야 산다' 협동조합 활성화 사업 내용은?", 2014.(https://news.naver.com/main/read.nhn?mode=LPOD&mid=tvh&oid=374&aid=0000047031)

58) 전강수, 「부동산 정책의 역사와 시장친화적 토지공개념」, 『사회경제평론』, 2007, 제29권 1호, 373-421쪽.

59) 전강수, 같은 논문.

60) 전강수, 같은 논문.

61) 조지, 헨리, 김윤상 옮김, 『진보와 빈곤』, 비봉출판사, 2016.

62) 김윤상, 『알기 쉬운 토지공개념』, 경북대학교출판부, 2008.

63) 전강수, 같은 논문.

64) 토지정의연대, 「시장 친화적 토지공개념 도입방안 기자회견문」,

2005. (http://blog.daum.net/costmgr/168)

65) 전강수, 같은 논문.

66) 남기업 · 이진수, 「2019 〈토지소유현황〉 분석: 토지 소유는 얼마나 불평등한가?」, 『토지+자유 리포트』, 2020, 17호, 토지+자유연구소. www.landliberty.or.kr/module/board/board.php?bo_table=report&wr_id=25 (검색일: 2020년 7월 23일).

67) 롤스, 같은책.

찾아보기

2008년 세계금융위기 122, 125,
 152
『21세기 기본소득』 11
4차 산업혁명 46~47, 50
IMF 외환위기 122

ㄱ
경작득전 71~73, 90
공공토지 임대제 96~97,
 153~158
공산주의 15~20, 22~23,
 25~26, 28, 30~34
공산화 17, 24~26, 28~30
구의역 김군 사건 149~150
구제금융 123, 125
『국가』 30~31
그랑, 줄리앙 르 12, 78~82, 84,
 87, 90, 112~113
근대철학 101
금융위기 122~126, 142
기독교 62~65, 102~103, 131
기본소득(제) 2, 7~9, 11, 13~17,
 20~30, 34~47, 50~57, 91~92,
 158
기본자산제
 방식 94~97
 생산적 활용 의무 90~91, 113
 정의 8~9
 제1기본자산 94~95, 118,
 120~122, 127, 143

제2기본자산 95, 120~122,
 127
 철학 97~114
 김윤상 155

ㄴ
남기업 115, 155
노동가치설 49
노동조합 132
뉴딜 111~112
니체, 프리드리히 101

ㄹ
라스키, 해롤드 137, 139
로크, 존 98, 101

ㅁ
마르크스, 카를 19~20
맹자 12, 66~68, 134~135, 150
명예혁명 116
몬드라곤협동조합 142

ㅂ
『법률』 59
베블런, 소스타인 137, 139
보편적 자본급여 12, 78~81,
 84~85, 87
부인권 124
불로소득 107, 140~141,
 153~154, 158~159

ㅅ
사회보장제도 36~47, 91, 151,
 160
사회적 상속(제) 45, 57, 94, 106,
 112~113, 118, 121, 127, 151,

153, 159
사회적 지분제도 12, 75
상속권 44, 70, 111~112,
    114~118
상속세 79~80, 82~84, 111~112
생계성 채무 104~106
세월호 참사 130~131
소득세 23, 40~41, 45, 111, 114,
    160~161
스펜스, 토마스 9
신자유주의 44, 54, 126
신진사대부 117
실업급여 36, 38
실질적 자유 75, 92

ㅇ
아리스토텔레스 9~10, 26~27,
    30~33
아일랜드, 패디 140
아테네 9~10, 27, 61
알스톳, 앤 12~13, 75~76,
    78~79, 81~82, 87, 89~92
애커먼, 브루스 12~13, 75~76,
    78~79, 81~82, 87, 89~92
양극화 15, 23~24, 27, 36,
    39~40, 43~47, 55~57, 69~70,
    122, 125~126, 151~152
연간 자산세 83~84, 96~97,
    115, 158~160
연방준비은행 51~54
영구기금배당 25
「영아들의 권리」 9
웨더번, 빌 137, 139
유저리usury 104~105
유한책임제도 140~141
이재명 7~8, 56

이태경 155

ㅈ
자동중지제도 124
자유주의 75~76, 112, 125
재난지원금 40~41
전강수 155
정도전 68
정약용 12, 69, 71~72
정의당 12, 76~78, 87, 89
정전제丁田制 65~66, 70
정전제井田制 33, 66, 67~71, 90,
    134
『정치학』 9
조합주의 15~16, 22~23, 29~30
종업원지주회사 143~144
주식회사(유한책임) 36, 102,
    120, 128~130, 132~133,
    136~137, 139~142
지니계수 158

ㅊ
청년기초자산제 12, 77
청년저축계좌 12, 76~77

ㅋ
칸트, 임마누엘 55
클레로스 58~63, 65, 90

ㅌ
토니, 리처드 헨리 137, 139
토지+자유연구소 115, 155,
    157~158
토지개혁 68, 117
토지공개념 153, 156
토지보유세 96~97, 115,

153~159
통화팽창 51~53, 55
투자성 채무 104~106

ㅍ

파레이스, 필리프 판 11, 13~14,
16, 18, 20~21, 24, 36~37, 46,
50, 56
파산법 123~124
평생 수령 자본 세금 80,
112~113
플라톤 10~12, 27, 30~31,
58~61, 63, 90, 106
피케티, 토마 12~13, 81~87, 89,
91, 158~159

ㅎ

화이트헤드, 알프레드 노스 101
해피브릿지협동조합 142
현대철학 49, 101
협농소합 16~18, 34, 36, 72, 94,
96, 102, 106, 113, 118~122,
127~128, 133, 136, 139~148,
151, 159
희년 63, 65